「日本左翼史」に挑む

私の日本共産党論

大塚　茂樹

はじめに

「妖怪がヨーロッパを徘徊している――共産主義という妖怪が。」

マルクス、エンゲルス『共産党宣言』の著名すぎる冒頭である。2022年春、ロシアによるウクライナ侵略戦争の日々に再読してみた。本書との出会いは1976年、大学1年生の春だった。冒頭部分に格別の感慨はない。妖怪ならこの列島にもごまんと存在する。さまざまな神々はこの風土の古層に息づいている。世界の現実は資本主義か社会主義かの二者択一を求めているわけではない。しかしこの本の意義は苦みとともに語られ続けよう。筆者の関心は、この一冊とともに社会変革に挑んだ人たちの軌跡である。それをどう描くべきか。

あたかも蟻が巨象に挑むという構図だ。まずは眼前の目標を意識してみたい。池上彰・佐藤優《まさる》両氏による対談の三冊。講談社現代新書の『真説 日本左翼史』『激動 日本左翼史』『漂流 日本左翼史』である。

左翼を描く書物は無数にある。お茶の間でも著名な池上氏と、異色の作家・佐藤氏ならば注目されよう。適任者として企画化されたのだ。両氏は実体験もふまえている。高校時代に社青同（日本社会主義青年同盟）に加盟した佐藤氏は、資本論学習に打ち込んだ。マルクス主義は知の根幹に息づいている。10歳年長の池上氏も高校時代にマルクス経済学に関心を持ち、１９６７年10月の羽田闘争における京大生・山﨑博昭氏の死に衝撃を受けたことを包み隠さずに語っている。

たとえ「小判鮫」と言われようとも、両氏の三冊と対話しながら自著を書き進めたい。左翼の歴史と向き合うことは、筆者にとっても40数年のテーマである。池上氏と佐藤氏の対談のみならず、社会運動家と左翼自らの発信、研究者の膨大な著作も改めて精査した上で主題に迫らなければならない。佐藤氏は『日本共産党の１００年』（朝日新聞出版社）も上梓した。中北浩爾『日本共産党』（中公新書）など２０２２年末までの新刊を意識しておきたい。

筆者は現在65歳。池上氏より7歳下、佐藤氏より2学年上である。１９６０年代後半の小学生として、ベトナム戦争や沖縄に関心を持った。プロ野球や流行歌と同じく未知の世界への好奇心である。受験の重圧にあえぐ小学生ではなかった。

革新勢力とのご縁は深い生い立ちだ。社会党員市長の都下の自治体で育ち、恩師には熱心な日教組組合員もいた。自宅では赤旗を購読。両党の支持者は身近で珍しくないが、新左翼とのご縁は奇遇である。山﨑博昭氏の死をその2年後の6年生の時には意識していた。自分の誕生日に亡くなった人としてである。

三冊は主に社会党・共産党・新左翼を考察している。党派とその指導的理論家を重視していること、内ゲバ殺人などの悲劇を強調していること、この2点が特徴だろう。内ゲバ殺人の擁護はありえない。ただその悲劇だけが、左翼衰退の要因ではないと筆者は考えてきた。

現在の社会運動に関わる人にとって、戦後左翼史から学ぶかどうかは各人の選択である。左翼体験を持っている人にとって、心弾む主題ではない。腸《はらわた》を引きずり出される思いもある。運動での記憶を若気の至りとして沈黙したい人も多いだろう。

筆者は大学入学後から書物と史料を通じて、社会運動史を学んだ。戦前・戦後の社会運動家の肉声に接する機会にも恵まれた。１９８０年代は戦前の運動家も多くが健在だった。

池上氏のように、内ゲバ殺人で息子を殺された母の取材はしていない。だが友人を殺戮された人はごく身近にいる。佐藤氏と違って学生運動で殴り合いをしていない。ただ当時受けた暴力で、長らく精神の病に苦しんだ友を持っている。

この三冊でも、佐藤氏の語りは炸裂する。面識ある人だけに懐かしい。高田純次氏の洒脱な軽口ならば疑える人も、佐藤氏から該博な知識を披瀝されれば圧倒されるだろう。この種の桁外れの人として、一人の友を思い出した。横文字で周囲を圧倒して哲学を語った。カントを意識してか「それ自体として」も常套句だった。

余談はさておき、『真説 日本左翼史』の14頁での佐藤氏の一言は鵜呑みにできない。「『左翼の時代』がまもなく再び到来し、その際には『左派から見た歴史観』が激動の時代を生き抜くための道標の役割を果たすはずだ」と語り、続いてその根拠を論じている。

本当だろうか。貧困と格差の強まりは事実である。ただ当事者と支援者によるアピールの高まりと左翼の時代の到来には、大きなギャップがあるはずだ。

氏の問いかけは知略に満ちている。驚嘆すべき教養を持つ煽動家なので、高齢世代の左翼歴を持つ読者も社会批判を強める若者層も引き込まれるかもしれない。

ただ歴史の文脈を意識したい。「左翼の時代」「わが党派の出番」とのアピールは左翼の十八番《おはこ》で新鮮味はない。国家権力は、左翼の危機を煽って治安体制を強化してきた。しかし現在の様相は違う。公安調査庁の存在意義は、感じにくい時代である。

この社会を変革したい。筆者も長年その流れに棹《さお》さそうとしてきた。ただ左翼の時代はまず到来しない。左翼の責任とともに社会の複雑さゆえである。

佐藤氏の書物と学問への情熱は並外れている。ロシア語を駆使して外交現場でも奔走した。国策捜査で獄中生活を強いられた苦難を経て作家に転じた。ただそのスタンスには政権擁護などを含めて違和感もある。日本学術会議会員の任命拒否問題での論考もその1つである。

ただこれも氏の持ち味だ。物議を醸しては読者とメディア関係者を手玉に取る。哲学・思想・宗教などの該博な知識と諜報活動にも精通する物書きとしての底力である。批判や反発も追い風とする。高校1年生の夏、ソ連・東欧などへ１か月の一人旅をした経験にも脱帽する。

両氏の対談を一読した読者で、半世紀における左翼の激変を痛感する人も多いだろう。夢見る力を持った人たちの輝きは、今や忘れ去られている。１９８９年の東欧における革命、１９９１年のソ連解体の衝撃は世界史にしっかりと刻み込まれている。

それ以後、30余年を経て、今や野党に期待する人すら激減して、左翼党派の存在感も弱まっている。なぜなのか。その根源を見つめたいと思った。両氏の言及していないテーマも考察してみた。本書は両氏の三冊を未読でも読んでいただける。日本社会党、日本共産党などの戦後革新勢力と新左翼も視野に収めている。第5章以降は日本共産党論としての位置付けである。社会党・共産党・新左翼を均等に論じる必要はないし、共産党ならば独自の視点を示しやすいと判断した。

池上氏、佐藤氏を非難するために執筆したのではない。両氏の視点から、多くの点で刺激を受けた。おどろおどろしい話題も多いが、それも左翼の歴史である。

ただ両氏の総括について、かつて左翼に希望を託した人、今も支持する人は納得できるのか。何の応答もしなくても良いのか。非力を自覚しながら、両氏とは異なるイメージを示してみたいと思った。

個性の強い、快刀乱麻を断つ佐藤氏には及ぶべくもない。対象との距離感を意識して、筆者なりに考察してみたい。各章の末尾には両氏の見解への私見を要約として記してみた。

『日本左翼史』に挑む――私の日本共産党論●目次

第1章　マルクス主義は輝いていたか

銀行口座ばかり意識される時代に

池上・佐藤両氏の対談では知識人を重視している。日本資本主義論争に対する、佐藤氏の強いこだわりが示されていて興味深い。この論争について知らない人も、まずは以下を読んでほしい。

日本資本主義論争とは、1932年から翌年に刊行された『日本資本主義発達史講座』全7巻（岩波書店）をめぐるものだった。同講座は共産党幹部の野呂栄太郎氏の総括的指導の下に山田盛太郎、平野義太郎、服部之総《しそう》各氏ら30名以上が執筆した論文集であり、日本の社会変革についての切実な問題意識を秘めていた。その中心である野呂、山田両氏の論考に批判的な論者は講座刊行の数年前から雑誌『労農』などで自説を発表していた。この講座自体についても猪俣津南雄、高橋亀吉、櫛田民蔵、向坂逸郎氏らの論客が各誌で批判的視点を提起していく。講座派と労農派という2

つの派の名称は、以上から理解できる。

日本資本主義をどうとらえるか。それは現在も大問題であるが、91年前のこの講座では明治維新の歴史的性格をふまえて、絶対主義国家としての特質を強調した。この講座を批判する論客は近代資本主義国家であると規定した。その社会変革の道筋を、前者はブルジョア革命を経て社会主義へと至る二段階革命と提起したのに対して、後者は社会主義革命を主張した。

講座派の認識はコミンテルン（国際共産党）が作成した32年テーゼと基本的に一致していた。学問論と社会変革論で、戦後までその影響が残る緊張感を有した論争になった。

佐藤氏は１９７９年の大学入学なので、３学年上の筆者とほぼ同世代である。その考察に共感する点もある。労農派を評価する点にも異議はない。ただ気になる点もある。まず語りの特質に注目してみたい。読者の中には、講座派や労農派と初めて出会う人もいるはずだ。70年代末の大学や社会運動を知らない読者のために次の点は書いておきたい。

氏の語るように、講座派・労農派と政治・社会運動とは無縁でない。戦後長らく講座派は共産党系、労農派は社会党系とみなされがちだった。ただ一直線に政治的スタンスや社会運動に結びつけるのは無理だ。戦後の労働組合、平和運動などの担い手で、この主題に何の知識も持たない人は無数にいる。学歴は別にして、知的学生に匹敵する読書体験と学びを経た人が出会うテーマである。

１９７９年の大学進学率は26・1％、２０２０年時点の半数にも満たない。しかも女性は12・2％で、男性39・３％の３分の1だった。同世代の若者の大多数は、講座派と労農派などを全く意識していない。聞いてもすぐに忘れてしまう。ただ学生としてマルクス経済学や日本近現代史を専攻した人には重要なテーマだ。はるか後の世代でも、当然のようにこの語を知っている。学問研究に携わる人にとって、どの学派（シューレ）に属するか。師が誰であるかは基本情報である。70年代末も日本資本主義論争の重要性は語られていた。当時は１９３０年代を体験した知識人も健在で、学界の担い手は若き日にこの論争に出会っていた。その一方でこの両派とは異なるパラダイムを獲得する人も増えていた。

歴史学でも専門研究の深化は著しかった。１９３０年代論の研究水準も飛躍的に向上している。ジャーナリズムでも戦後改革の光と影、高度成長の功罪は活発に議論されていた。現代資本主義の変貌を強調する論者は多かった。

どれも古めかしい話題であることに驚く人もいるだろう。70年代末という時代も、今や昔である。当時の若者も高齢者になりつつある。パソコンもない時代で、日本初のワープロが発売されたのは78年である。古めかしさとは、以下の２つを意味している。まず当時でも学生たちの資本主義への関心は、戦前のこの論争とは大きくずれていた。ただそれでも社会主義への関心は現在とは違って高かった。コミンテルンの軌跡も現代史において関心を持たれるテーマだった。

さて、この論争に対する佐藤氏の注目は正当であると筆者も考える。

知の航跡を存分に押し出す。佐藤氏のすべての著作にその姿勢は貫かれている。社青同で社会主義協会向坂派の影響下で活動し始めた佐藤氏は、労農派を批判的に継承したマルクス経済学者・宇野弘蔵氏の愛弟子である鎌倉孝夫氏の薫陶を高校時代から受けてきた。

池上氏も10歳上の優秀な高校生として、高内俊一『現代日本資本主義論争』でマルクス経済学への関心を深めた。労農派への近しさは二人の共通点である。東大入試が中止された年の受験生として、池上氏はマルクス経済学者の多い慶應義塾大学経済学部に進学した。

『日本資本主義発達史講座』は、何せ91年前の書物である。現時点で明治維新や近代史を学ぶ際の必読書ではない。講座派と労農派の語源も忘れ去られている。前記したように、講座とは岩波書店刊行の書名に由来し、その批判を展開した論者にとって縁の深かった雑誌が『労農』である（1932年6月号で廃刊）。労農とはレーニンの労農同盟論や労農党など、昔は知られていたが今は使われない。多くの人は「こうざ」といえば銀行口座を連想するだろう。

燎原の火か、もはや残り火か

佐藤氏の語りは70年代の驚異的な学生像を彷彿とさせる。マルクスもウェーバーも熱心に読まれていた時代だ。学生全体の読書傾向は不明であるが、ミニ佐藤氏として驚異的な学びを重ねる学生も多かった。その一方で、大学入学後はひたすら楽しい学園生活を送る人たちも多かった。その比率を物語る資料は存在しない。

マルクス経済学の巨大な存在感を、佐藤氏は強調する。戦後数十年間のその勢いはめざましい。橋木俊詔氏も過半数だったと示唆している。もちろん大学・学部によって異なる。筆者の学んだ大学はマルクス経済学の影響力が弱く、大学生協書籍部でもマクロ・ミクロ経済学の存在感が際だっていた。だがマルクス経済学も、現在とは比較にならぬ出版点数だった。

経済学部の経済原論に注目すれば、近代経済学、マルクス経済学のいずれかを置く場合と、両方を設置する学部とがあった。同学部のカリキュラムでは、理論と歴史と制度・政策などを学ぶ。80年代以降にマルクス経済学は下降線をたどり、89年のベルリンの壁崩壊後に激減したが、慶應義塾、立教、立命館など存在感を持ち続けてきた大学もある。

70年代には、政界でも全野党が社会主義的な方向性を模索していた。民社党は福祉国家、公明党は人間性社会主義である。ソ連、中国など現存社会主義への懐疑は強まり、学生運動はその10年前との比較では著しく弱体化していた。ただ学生の政治意識が低いとは言えない。

当時の左翼的学生の愛読書は、10年先輩の世代と共通する。代島治彦監督の『きみが死んだあとで』に、1967年10月に上京した山﨑博昭氏の鞄の中の10冊も登場した。マルクス『経済学・哲学草稿』、トロツキー『ロシア革命史I』、レーニン『なにをなすべきか?』、宇野弘蔵『マルクス経済学・原理論の研究』『経済政策論』、朝日新聞社安全保障問題調査会『アメリカ戦略下の沖縄』、キルケゴール『誘惑者の日記』、J・N・シュクラール『ユートピア以後――政治思想の没落』とフランス語とドイツ語の教科書が各一冊であることに興味を抱いた。

10年後の20歳である筆者の周囲でも、『経済学・哲学草稿』など初期マルクスの影響力は強い。レーニン、トロツキーなどの左翼文献は共通性を持つ。勉強熱心な学生が入学直後から意識する本として、ウェーバー『プロテスタンティズムの倫理と資本主義の精神』、丸山眞男『現代政治の思想と行動』、フロム『自由からの逃走』なども含めて一昔前と同じ本も目白押しである。

ただ団塊世代とは貧しさの感覚も時代体験もまるで違う。団塊世代の存在感に圧倒されがちな、谷間的な世代だ。筆者の世代は、新人類に入るらしいがその自覚は皆無だった。


同世代の学生は、秩序感覚を強めていた。73年のオイルショックは時代の転換である。不況とインフレが同時進行するスタグフレーションは深刻だった。高度成長は終わりを告げていた。減量経営という語に学生時代のいつ出会ったかは思い出せないが、従来とは違う状況に直面しているのは明らかだった。「日本経済新聞」を熱心に読む友人から、就職活動が大変になると危惧する声も耳にしていた。ただ危機感も個人差は大きいと想像する。

企業サイドでも、文系新入社員の教育に神経を尖らせる必要はなかったと推察する。大学で何を学んできたかなどは問わない。入社後の研修や実務で新入社員を育てられると自負を持っていたはずだ。ただ企業側といっても、その全体像はうかがい知れない。学生側の動向も、マンモス大学にいれば雲をつかむような話だった。

佐藤氏はそんな時代の中でも、我が道を進む破格のパワーを持っていたのだろう。同志社大学神学部で神学や哲学思想に没頭する。マルクス主義への情熱も破格だ。あたかも燎原の火のような存在としてマルクス主義を認識していたと推察する。『私のマルクス』では、博覧強記を誇示する姿を綴っている。今や絶滅してしまったタイプであろう。

日本史学科で近現代史を専攻していた筆者は、学問の魅力と苦しさに直面していた。歴史家として魅力的な人はおびただしい。その主著はすべて読むつもりでいた。だが卒論を書く際には、先行研究をふまえて、独自の研究主題と史料を見出す必要がある。多くの学術書と格闘し、新たなテーマの可能性を探っては断念して、また別のテーマに挑戦するなど、試練の連続だった。

そういえば、当時の歴史学の研究史ガイドやテキストには、マルクスやレーニンの著作も引用されていた。今はまずありえまい。史学科の優秀な友人たちは史料に没頭するタイプだった。

マルクスを熱心に読んだのは、むしろ学部の前半である。初期マルクスの『ドイツ・イデオロギー』や『経済学・哲学草稿』はもちろん、歴史論に引きつけられた。また学部のゼミでもマルクスとウェーバー、マルクスとマルクス主義哲学を学ぶゼミなどへの参加で、多くの刺激を受けた。

学部の後半から大学院では、専門の勉強の合間に、ソ連史などの現代史、現代のマルクス主義研究、ユーロコミュニズム、グラムシなどへの関心を強めていた。当時はこれらの研究も活況を呈して、身近にも同好の士がいた。マルクス主義そのものを捉え直すアプローチの本として、山之内靖、良知力、小谷汪各氏などの力作にも引きつけられた。そんな訳で読書は全く苦にならないが、学術研究においては苦悶してしまうのだった。

70年代後半から80年代初めの空気も、ごく狭い空間しか語れないことを自覚する。当時は、学界とその周辺でのマルクス主義派の存在感は大きかった。経済学や歴史学のみならず、法学でも『マルクス主義法学講座』が刊行されていた。マルクス派という森の広さと深さは筆者も承知している。それでも、資本主義から社会主義への移行を歴史の必然とは考えられない。社会主義を嫌う人がこの社会で多いことも自覚できていた。その一方で書店に行けば、マルクス関係の新刊を常に注目していた。マルクス主義者と名乗るのも気恥ずかしくて、名乗ったこともない一人であるが。ただ文系学生の多くは丸山眞男、ウェーバー、マルクスを当然読むものだと思っていた。おめでたい限りで、まさに「井の中の蛙大海を知らず」というに尽きる。

現時点では、70年代の先進諸国でマルクス主義の知的権威は低下していた点を強く意識する。日本でも同一であることは、多くの論者の認識と同じである。旧来のマルクス主義では古い。高度成長を経た日本には、フィットしない。新たな枠組みが必要であるという論者も多かった。

その点で、もう燎原の火ではなく、残り火になっていたと自覚する。ただ残り火も身を焦がす。社会主義国の現在は肯定できないが、マルクス主義への関心と社会変革への期待は現在とは違って強かったのではないか。マルクス主義の炎の熱さと美しさを知る点で、筆者も佐藤氏の経験とある程度は共通している。80年代のポストモダン的な言説を語ることはできない。

世界は均等に変わっていかない。韓国でマルクス主義は長らく禁書とされていた。その禁が解けた80年代後半から爆発的に浸透していく。当時の日本では、グラムシなどマルクスの継承者への関心が高まっていたが、韓国で存在感を持ったのは正統派マルクス主義だった。

講座派と労農派を再整理する

さて学問論に話を引き戻したい。佐藤氏のコメントで気になる点を記しておこう。

第1に、講座派と労農派に注目する視点は鮮明であるが、それ以外の潮流も注目したい。農村調査では柳田国男氏の民俗学や有賀喜左衛門氏の農村社会学もある。半封建的という講座派の視点とは異なる。鶴見太郎氏が描いたように、柳田民俗学でのマルクス主義者の存在も興味深い。

ＧＨＱが農地改革の際に講座派の農村論を重視したのは佐藤氏の指摘通りだ。ただ戦時中のアメリカの日本研究は周到で、農村論ではエンブリー『日本の村落社会　須恵村』なども存在する。人類学の石田英一郎氏がＧＨＱの民間情報教育局に勤務していた事実を中生勝美氏は明らかにしているが、左翼運動出身の石田氏の軌跡も含めて学問論として興味深い。

第2に、講座派と労農派の両派は、緊張感とともに学問的敬意を抱きあう間柄である。自らの学派への批判者から真剣に学ぶのは当然である。たとえば労農派の有沢広巳氏による山田盛太郎氏への評価も、宇野弘蔵氏と栗原百寿《はくじゅ》氏との関係もそれを物語る。各派内も真剣勝負の緊張感に満ちている。たとえば、宇野弘蔵氏は労農派の先輩猪俣津南雄氏の資本論理解を批判している。

第3に、両派の論争は読者にとって最優先事ではない。服部之総氏を講座派の有力な論客と意識している人もいるが、「黒船前後」や『明治の政治家たち』のみで知る人も数多い。なお知識人も、この論争の中だけで仕事している訳ではない。服部氏も然り。労農派の山川均氏のパートナーである山川菊栄氏は、さらに切迫した女性解放のために奮闘した。性・階級・民族への差別に抗する言論活動を続け、フェミニズムと社会主義を手放さなかった。

第4に、この論争は近現代史の重要な主題なので多くの文献がある。長岡新吉『日本資本主義論争の群像』は論争の当事者たちを生彩に富んだ筆力で描き出す。

筆者も、20歳の頃から両派の論客に出会い始めた。労農派の猪俣津南雄『踏査報告　窮乏の農村』は戦前の農村を知る際の必読書で、『横断左翼論と日本人民戦線』も印象深い。向坂氏や大内力氏らも多くの論考を書いていた。講座派では野呂栄太郎、山田盛太郎、平野義太郎諸氏である。山田氏の『日本資本主義分析』は冒頭から難解な語に驚きを感じた。

ただ労農派の正しさに確信を持てた両氏とは違って、筆者は双方に影響された。旗幟鮮明にせよと求められたこともない。最新の膨大な研究論文を学ぶことが先決だった。

『日本資本主義発達史講座』の刊行は、版元の岩波書店に大いなる決断が求められた。その過程も含めて刊行50周年記念版の大石嘉一郎氏の解説を参照されたい。興味深いのは労農派の大内兵衛、土屋喬雄氏も同講座の資料解題に登場している。岩波書店は常にバランスを重視するのだ。

マルクス経済学の3つの潮流

経済学界についての佐藤氏の説明に少しく違和感を持つ。70年代末のマルクス経済学はより多様で複雑だったのではないか。戦前の講座派と労農派の枠組みはすでに変容していた。戦前の講座派を継承する正統派、労農派を批判的に継承する宇野派、市民社会派の存在感も大きい。歴史・思想・労働問題など実証研究を深める人も多く、資本論研究もさかんだった。

正統派では、戦後初期の新講座（岩波書店刊の戦後の『日本資本主義講座』）は批判的な視点で語られがちだった。戦前からの講座派の存在感はなおも強く、戦後世代の研究者も分厚い層をなしていた。資本論研究でも人材は豊富だった。学問的威信を持つ研究者として、数理経済学の置塩信雄氏は著名である。なお50年代以降の構造改革派は、正統派の社会変革像とは異質である。産業主義に位置づけられる正村公宏氏は、論壇でも強い存在感を持っていた。

労農派を批判的に継承する宇野経済学の威信は、佐藤氏の指摘通りである。マルクス経済学は、科学である以前にイデオロギーへの従属を求める傾向が強かった。宇野経済学はそれを乗り越えようと、科学としてのマルクス経済学の再生を図ってきたとみなされている。

宇野理論は、資本主義をその抽象度の違う三次元で解明しなければならないこと。資本論は資本主義の「原理」を解明した。レーニンは19世紀末以降の「発展段階」の分析を行っている。これらの原理論と発展段階論を踏まえて経済の「現状分析」を行う。この三段階論という構造を持った学派であり、東大経済学部でも強い存在感があった。

市民社会派では高島善哉、水田洋、内田義彦、平田清明各氏らの知名度は高かった。内田氏の『資本論の世界』の一読後に、筆者も初めて『資本論』を読もうとしたのだった。

非マルクス経済学者もマルクスを探究

ただ国内での三潮流とは別に、マルクス主義の系譜をどう認識するかという大問題がある。またマルクス研究は、マルクス経済学者の独壇場ではない点もその時点から意識されていた。

前者については初期社会主義の重要性をまず指摘できる。さらに、マルクスからレーニンを経由したロシア・マルクス主義ではなく、オーストリア学派の重要性はよく語られていた。

後者についていては、たとえば小泉信三氏である。明仁親王の教育掛として著名だが、敗戦後の『共産主義批判の常識』も著名である。そのはるか以前にマルクス主義の研究と啓蒙という点で多大な貢献をしたことも重要であろう。

後の世代でいえば、都留重人氏は国際的にはマルクス経済学者とみなされている。そう指摘する塩沢由典氏も数学研究から経済学へと転身。非マルクス経済学者としてマルクス経済学への学識も深いことで知られる。『戦後史事典』での氏によるマルクス主義の項も、秀逸で刺激的である。

学界の動向は多くの研究史で跡づけられる。佐藤氏のコメントを理解する上で、八木紀一郎氏の「日本アカデミズムのなかのマルクス経済学」はネットで閲覧可能であり、最も説得的である。

その上で、近代経済学のさらに巨大な山脈がある。こちらにも理論・学説・歴史などにアプローチする膨大な研究者たち、さらに労働時間の短縮などの課題にとりくむ人びとがいる。

門外漢にとっては、経済学界の広さに驚きを禁じ得ない。ちなみに歴史学界も同様である。近代日本経済史に限定しても、研究史の分厚さは驚異的だ。その研究史に精通するだけでなく、学問史に刻み込まれる創造的な主題を探求することが研究者の仕事である。

経済学も歴史学も、ともに大学所属の研究者のみが探究するわけではない。経済学では官庁・企業・ジャーナリズムのエコノミストも重要である。現実により深く関わっている。

筆者はもちろんのこと、佐藤氏の驚異的な博識をもってしても、70年代末の経済学界の総体は語りきれないのではないか。研究史とは学界内の優秀な研究者のみが執筆する資格を持ち、学界外部にいればまずそれを精読するしかない。

当時はマルクス経済学への疑問として、窮乏化論、恐慌論、発展段階論などの有効性が、学界外でも論争されていた。唯物史観への疑義も提示されていた。それに佐藤氏はどう対峙していただろうか。氏は『資本論』の輝きと自らの知的軌跡をいきいきと語り続けている。

1933年に注目する

さて両氏の重視していない水脈からも、興味深い主題を見出せる。

第1に、『日本資本主義発達史講座』の刊行が終わった1933（昭和8）年に注目してみたい。刊行の直後に総合雑誌などで講座への批判＝応答が活発になされていたことは喜ばしい。

この年は、国際連盟から日本が脱退し、ナチスが政権を掌握した戦前の転換点である。しかし日本社会はまだ多面性を持っていた。モガ＝モダンガールは流行語となり、ハイカラな文化は広がっていた。その一方で国粋主義も強まっていた。経済でも貧しさと豊かさの両側面をあわせもっている。昭和恐慌の大打撃は明らかであるが、高橋財政によって急速に回復を果たしていた。中村隆英《たかふさ》氏が「大砲もバターも」と評したこの経済政策はケインズ主義で、民需と軍需を拡大させていた。

同年に改訂された国定教科書（国語）での、「ススメ　ススメ　ヘイタイススメ」に注目したい。軍国主義が浸透していく象徴として語られがちであるが、一方では童心に響く魅力的な教材も多く、それも皇国史観を浸透させていく効果があった。

治安維持法違反での検挙者は、1万4622人と最多である。学問の自由を蹂躙した滝川事件もこの年だ。その一方で日本資本主義論争に関心を持つ読者も存在し、合法無産政党は数年後の選挙でも躍進した。現時点から見ると不思議な時代であった。

だが講座派の担い手の検挙に続いて、労農派も1936年からの人民戦線事件で逮捕された。戦争末期はトイレの落書きまで権力は監視を強めていく。そもそも宣戦布告なき戦争＝「事変」の実態やアジア太平洋戦争の戦場も、銃後の民はほとんど知り得なかった。

大正デモクラシーを支えた立憲主義は戦前社会の屋台骨の1つで、マルクス主義も知的影響力を持っていた。しかし庶民が生きる郷土においては、忠君愛国思想と戦争賛美が支配的だった。だからこそ軍国主義の暴走を阻めず、1945年の廃墟へと時代は暗転していった。その流れを阻止できなかった教訓を、受けとめなければなるまい。

教養主義とマルクス主義の水脈

第2に、大正教養主義から昭和マルクス主義の文脈を意識しよう。

マルクス主義の最盛期の1つは1920年代だった。その前段こそ重要である。旧制高校を主舞台として大正教養主義は開花した。同じ空間で、その後はマルクス主義が爆発的な影響力を持っていく。1918年に創立された東大新人会は学生の3%を組織していた。

この担い手に注目すれば、講座派・労農派とはやや異質の顔ぶれになる。新人会の初期はキリスト者や社会民主主義者の活躍も目立っている。後に共産主義派の優位は明らかになる。転向研究の重要な対象である水野成夫（財界人）、浅野晃（日本浪漫派）、林房雄（作家）各氏なども登場する。

マルクス主義の浸透について、１つの推論を示したい。講座派・労農派について熱心に学んだ人数は戦前・戦後で数十万人程度だろうか。ただ根拠は示せない。学問・思想・運動を通じてマルクス主義に出会った人はそれよりも二桁は多いと推測する。ただ出会いと別れは千差万別であり、失望して訣別していく人は、多すぎるので計測しがたい。結局確かなこととして、人口の圧倒的多数が教科書で「ロシア革命」という語を一度は目にした。それにとどまるであろう。

教養主義の変遷をどう把握すべきか。まず旧制高校で哲学書を読んで高踏的な議論にふけった若者たちを意識したい。「デカンショ」（デカルト・カント・ショウペンハウェル）はキーワードである。大正教養主義は文理の垣根を越えて、若者の知的世界を豊かにした。弾圧でマルクス主義が根絶やしにされた後に、昭和教養主義は復興していく。

戦前の旧制高校は、女性を排除した空間である。それを忘れるべきではない。高等教育を受けられた層も、１９３０年で同世代男女全体の2・4％にすぎない。とはいえ、その担い手は各地で教育と学術・文化に多大なる影響力を持った。出版文化の伸長も、教養主義抜きには考えられない。

いま左翼を論じる際に、以上の知と文化の変遷を踏まえたい。社会運動の負の遺産は長年語られており、絶望感を深めるだけだ。内ゲバ殺人や新左翼運動の敗北と社共両党の欠陥なども目新しい話題ではない。忘却は許されないが、単調な議論は避けたいと考える。

20世紀末の知的世界で、マルクス主義の権威は徐々に低下していた。教養主義の全盛期は戦後も長く続いたが、1960年代から70年代にかけて衰退の兆しは明らかだと言われる。学問の専門化・細分化は急速に進み、学生運動の影響力も70年代後半には弱まっている。

流行歌はとうの昔に消滅し、全世代に影響を与える文化もない。未知の人と真剣に討論しあう空間と気風もなくなった。左翼の退潮もそれらと無関係ではあるまい。

科学史から意外なテーマにつながる

第3に、迂遠なようでも、戦前の科学史を考察すれば左翼像は豊かになっていく。廣重徹氏らの著作から、それを紹介してみたい。

明治期以降の科学は、産業と国家との一体化を強いられてきた。学問とは国家のために存在するのだ。その大原則を示すのは、1886（明治19）年の帝国大学令である。「国家ノ須要ニ応スル学術技芸ヲ教授シ」と学問の目的を記している。科学は巨額の財政的支援を必要とする。科学振興の先頭に立ったのは、財閥と皇室である点を強く意識しておきたい。

第1次世界大戦時から、産業はにわかに興隆していく。昭和の戦争に備えて、科学振興は進んだ。軍装備の近代化も航空部門の強化も、科学抜きには実現しない。まさに軍事と学術は一体である。大学には造兵学科、火薬学科などの戦争を推進する学科が存在していた。当時の科学者は、研究助成金のために軍部との関わりを深めるのが当然の選択だった。

戦後は状況が一変する、戦争に奉仕する科学はもう許されない。その転換期に先頭に立ったのは、民主主義のための科学を希求する研究者で、マルクス主義者も少なくなかった。学界の戦後レジームは占領軍主導で作られたが、存在感ある研究者たちの呼応も存在している。民科（民主主義科学者協会）の貢献もきわめて著名である。こうして紆余曲折を経て、1949（昭和24）年に日本学術会議は創立された。

以上の3つの流れは、互いに関わり合っている。20世紀日本の左翼の高揚と衰退を解明する際にも有益であろう。三冊に関連する思わぬテーマにもつながっていく。

2020年秋、日本学術会議の新会員の6名を任命拒否したことについて、佐藤氏は菅首相の判断は正当だと擁護した。学術会議は共産党色が強く、民科法律部会はその典型だと指摘していた。半世紀前ならばいざ知らず、その現状認識には違和感を持つ。戦後長らくは、政治偏重の問題意識を前面に出す潮流が存在してきた。それは事実である。だが知と学問は変容している。かなり昔にそのスタイルは衰退して、学会の社会的アピールは重大問題に限られる。菅政権の学術会議会員の任命拒否に際して、1032の学会が抗議声明を出したことは黙視できない大問題だったからだ。

学術会議を左翼だと批判する論者は、約40年前まで女性の学術会議会員はゼロだった事実に注目しない。今では23％に上昇している点も含め、学術会議の改革と現状を踏まえて論評していない。

学術会議解体への動きは、岸田政権の下でさらに進められている。全く容認できない。ただ庶民にとって、学術会議とは縁遠い存在である。佐藤氏らの批判も、学術会議側からの発信も広範な人びとには届いていない。大学進学率は戦後に劇的に上昇したが、市民と学界との距離は広がっていく一方である。文系と理系の壁もきわめて大きい。

その激変した社会で大活躍しているのが池上・佐藤両氏である。佐藤氏ならば学者よりも広い視野で鋭い問題提起ができる。池上氏は一流のジャーナリストとして、専門家の研究も咀嚼した上であらゆるニュースを解説できる。そもそもの疑問を解説できる能力を持つ。

以上の流れを見つめれば、左翼を総括し、生体解剖してしまう対談が注目を集める背景を理解できよう。両氏は左翼のみならず、多くの主題を語れる存在として引っ張りだこである。

宇野経済学と社会変革の可能性

佐藤氏の美点の1つは、若き日の師への敬意を失わない点である。社青同のリーダーで、後に社会主義協会の幹部となった山崎耕一郎氏との共著『マルクスと日本人』を上梓した。葬儀でも感動的な弔辞を読んだという。筆者も山崎氏とわずかに面識はあり、後ほど著書を紹介しよう。

筆者も20代から、宇野派をある程度は意識していた。新聞と雑誌でも宇野派の論客は大活躍だった。鎌倉氏の現状分析や柴垣和夫氏の歴史書も読んでいる。とりわけ刺激を受けたのは降旗節雄氏と馬場宏二氏である。降旗氏の『日本経済の神話と現実』の冒頭に登場する中野正氏は、香山《こうやま》健一氏ら転向左翼の理論的指導者で価値形態論の研究者だ。マルクス経済学から、戦後日本の現局面をどう解明するかについて、降旗氏の著書は貴重な示唆を与えてくれた。馬場宏二氏の著作は、会社主義との視点で日本社会を解明していた。

佐藤氏は厳格な人である。宇野派の重鎮である降旗氏と馬場氏への批判的なコメントを他の書物でしている。宇野派の内部で厳しい学問的論争は存在するのだ。

80年代後半の時点では、富裕化と言われる現実も存在すれば、日本資本主義のアジアへの進出と民衆からの収奪については、市民運動からの問題提起と経済学でそれを究明する潮流も存在していた。マルクス経済学の新たな地平をきりひらく試みは、提起されていたことを記憶する。レギュラシオン学派も広く読まれていた。佐藤氏の総括について、引き続き検討してみたい。

ちなみにインターネット上で、宇野派経済学のニュースレターは閲覧可能である。初心者にとっては、塩沢由典氏の問題提起と批判がこの場でも刺激的であった。

佐藤氏の主張は鮮明であるが、時にはやや誇張ではないかという点も含まれている。両氏の別の共著で「日本でマルクスのインパクトを受けている人の九割五分までが講座派的」(『希望の資本論』)と規定しているのに驚かされた。日本型経営論や日本の社会が特殊だという見方は、講座派の発想に結びついているとの規定も含めて、経済学のプロフェッショナルは黙して語らずだろう。

マルクスの批判的精神や驚嘆すべき知性に影響された若者は、佐藤氏に続く世代でも消えるはずはない。日本資本主義論争は経由せずに、『共産党宣言』や『空想から科学へ』でマルクス主義と出会った人はさらに多い。だが研究者をめざす場合には、独自の研究テーマに沈潜していく。実社会に出る人は現実という書物の重さに苦慮していく。知的関心でマルクスに出会った人が、実社会の現実に流されてしまっても何ら不思議ではない。

日本は、戦前からのマルクス主義研究大国である。しかし今や社会変革への機運は高まるどころか、野党への期待すら地に墜ちている。この社会で苦しみを抱える人びとの多くにとって、政治は遠くにあるかもしれない。学問や理論などはさらに縁遠い世界かもしれない。

それを指摘することに、今さら新しさはない。学界は独自の世界を持ち、万人には開かれてはいない。学問と社会との隔たりを理不尽だと思うならば、市民からも研究者からも奮起してその隔たりを狭めるしかない。学問分野によっては、徐々にそれが埋められている。

【三冊との対話】

日本資本主義論争への着目が興味深い。ただ、70年代末のマルクス経済学は高度成長による社会の激変の中で、問い直されていく。教養主義全盛期を終えた大学では、学生の社会科学離れも始まっていた、学界では学問の専門化と細分化が加速している。

佐藤氏は、『資本論』の精読によって、資本主義美化論に与しない。その点に敬意を表する。それでは、マルクス経済学の影響が強かった日本社会で、なぜ社会変革への希望は生まれないのか。大学・学問・学界の内側からその困難を解読していく視点も求められているはずだ。ちなみに変革の思想は、何もマルクス主義だけではない。またマルクス主義を学ぶ上で、佐藤氏のようなマルクス経済学と資本論の探究が唯一の道ではない。この点を念のために付記しておきたい。

第2章　戦後学生運動の渦をみつめる

学生運動史の「定番」に疑問あり

学生運動論でも、池上・佐藤両氏の個性は示されている。若き日に諸党派からのオルグを受けた池上氏はセクトの暴力を批判したという。当時から学生運動に精通している。同志社大学での佐藤氏の奮闘は本書には詳述されていないが、『私とマルクス』で記されている。

ただ博学の両氏であろうと、学生運動の空間をトータルに描くのは困難だ。1970年代の一時期を例にしても、大学ごとに状況は違う。学部・学科・ゼミごとに雰囲気も異なり、状況の変化で空気は一変する。サークル・自治会などは学外と連携している。知的文化的には世界と響きあう。個人の経済的事情、家庭環境、ジェンダー、将来像とも無関係ではありえない。それにしても現在は当時と激変して、運動はほぼ消えてしまったかに思える。

戦後学生運動史について、以下のように概括される場合が多い。

敗戦後の学生運動で、1948年結成の全学連（全日本学生自治会総連合）でも日本共産党の影響力は決定的だった。朝鮮戦争開戦後の同党の極左方針についての1955年の六全協（第6回全国協議会）での総括に憤激した潮流は、同党と訣別して新左翼運動の源流へと流れこんでいく。以後の学生運動は、共産党系、新左翼系、その他に大別される。とりわけ新左翼内部での分裂と対立は、激しかった。60年代後半に飛躍する学生運動は全員加盟制自治会を根拠地とはしないで、闘う学生が全学共闘会議（全共闘）を結成するという新たな行動スタイルを提起した。ノンセクトの学生たちが多いこの行動は、ベトナム反戦運動や世界の学生反乱と共振して日本でも大きな影響力を持った。批判にもさらされながら、日大闘争、東大闘争などで存在感を示した。

だが70年代初めに新左翼運動は閉塞感を強めて、学生運動も大きな影響を受けた。連合赤軍による衝撃的な事件や中核派（革命的共産主義者同盟全国委員会）と革マル派（日本革命的共産主義者同盟革命的マルクス主義派）を始めとした内ゲバ殺人事件などで、新左翼運動への拒否感は劇的に強まっていった。その影響で新左翼系の学生運動だけでなくすべての系列の運動は存在感を徐々に減少させて、主要セクトを中心にした全学連もその多くが消滅した。現在も運動の高揚の予兆などは感じとれない。

1960年代後半に新左翼と全共闘運動が注目されたのは自然である。ソ連型社会主義への対応でも、社共両党とは違って新左翼はより鋭い批判を示していた。学生運動の形態として、全共闘運動は新たなスタイルを打ち出した。ベトナム反戦運動は世界的に高揚しており、大学と学問の権威主義を否定する点で、全共闘は従来の運動とも異質だった。この時代は公害問題も深刻で、レイチェル・カーソンの『沈黙の春』（当初の邦訳書名は『生と死の妙薬』）など、自然や環境を蹂躙する文明への根底的批判も提起されていた。

ただ世間での学生運動への受けとめ方は、メディアとは異質である。学生運動＝全共闘として礼賛した人もいるが、学生運動を過激な集団とみなす秩序派が大多数だったろう。大学進学率が2割に満たない当時は、学生の特権意識に対して強く反発する人びとも多かった。

さて両氏の対談によって、学生運動像は一新されているだろうか。書物や資料での言及だけではないので、臨場感もある。内ゲバの激化やテロリズム至上主義に至った70年代への知識を持たない読者は衝撃を受けるかもしれない。

佐藤氏はユニークな視点も示している。全共闘を、「翼賛運動」とロマン主義に通じると評する。翼賛運動とは、日本のファシズム体制を支えた官製的国民運動のこととするならば、当時の活動家は激怒するだろう。ただロマン主義との視点は、日本浪漫《ろうまん》派との比較でも刺激的な視点である。戦時下の若者の虚無感と高度成長最盛期のエリート層にはなりえない学生の虚無感との対比に、思わず考えさせられた。『激動 日本左翼史』では、翼賛運動のみならず、ソビエト的、ナチスに似ていると、佐藤氏の全共闘論はさらに奔放さを増している。

筆者の世代では、活動には参加しなくても学生運動に関心を持つ人は多かった。高野悦子『二十歳の原点』や奥浩平『青春の墓標』は読み継がれていた。高校時代から新左翼の機関紙を読んでいた佐藤氏の早熟さには恐れ入る。

筆者の着眼点を記せば、ノンポリ層よりもセクト活動家が優れているなどと思わない。池上氏のように優秀で批判的姿勢を持つ学生は、どの時代にもいる。また全共闘派は、卒業後にモーレツ社員に豹変したと批判されがちだが、年齢の離れた筆者にそれを裁く資格もない。

ただ若い頃から筆者は、戦後史の分水嶺は１９６８年当時の大学闘争であり、学生の反乱が社会運動の飛躍をもたらしたという視点には懐疑的であった。大学闘争や70年安保の渦中で、真摯に行動した人たちを冷笑できるはずはない。だがその時点で、注目されていない巨大企業の労働現場の変化こそ、戦後史を転換させる起点になったという視点を若き日から育んでいた。

視野をどう広げていくか

ただその視点だけでは、学生運動の軽視につながりかねない。20代後半から、左翼学生運動やセクト興亡史だけでなく、戦前・戦後の学生生活・大学と学問・サークル活動も踏まえた運動史を模索してきた。学生の煩悶や精神的飛躍など知的文化的ゆらめきや友人たちとの紐帯をたどりたい。そんな問題意識を持ってきた。

距離感の難しいテーマだ。著名な諸党派は現存する。山本義隆氏らの存在感も消えていない。日本社会は当時の活動家の願った方向とは逆方向へと進み、なおかつ停滞している。

60年代以降の学生運動についても、万巻の書がある。当事者たちがどの時点で、何を、いかなる視点で書くのか。何も書かないのか。この主題でも問われている。高野悦子氏や奥浩平氏の遺著に示された懊悩は奥深いが、自死でそれぞれの苦悩に終止符を打った。その後も長き日々を生きてきた人たちは、体験の意味づけで苦慮する場合も多い。

『別働隊の日』は、潔さを感じさせる絵本だ。機動隊と衝突する直前の党派活動家の約24時間を、党派や政治スローガンなどに立ちいらずに大西祥一氏は描いた。蜂起前夜から当日夜の機動隊との衝突を経て、集会で本隊に合流までの丸一日である。機動隊との肉弾戦、追手を逃れた緊張感もさることながら、2年間は娑婆に戻れないとの覚悟で、夕刻の集合時間までを過ごす場面が鮮やかだ。バスの乗客たちも愛おしい。かぶらぎまさや氏の絵は出色である。

唐木田健一『1968年には何があったのか』は、端正な筆致で68年5月から69年1月を描く。東大で物理学を学ぶ勉強熱心な学生が全共闘へと接近する日々を再現する。物理学的世界の探究やサルトルへの傾倒などの記述は瑞々しい。もちろん唐木田氏は中立的立場ではない。だが全共闘派の他書と比較しても秀逸であり、学内の動きを冷静に描く一冊と判断した。

運動現場で奔走した人たちには、対照的なタイプも多い。来し方を潔く描ける人ばかりではない。現在の闘いに必死な人も、今なお多いはずだ。60年代末の学生運動の空間を、その外から眺めていく必要性を感じる。どう視界を広げていくべきだろうか。

第1に、戦前・戦後を貫く視点を持ちたい。戦前の大学については前章でも言及した。高等教育の場で教養主義、マルクス主義の存在感が大きいことと、学生運動の高揚は深く影響しあっている。戦前は思想・学問への抑圧も強い一方で、それらが切実に希求された時代である。さらに戦前の多様な学生を認識しておきたい。たとえば麻雀やビリヤードなどに耽溺する軟派の学生に対して、学生狩りを行ったことも記憶されるべきだ。国家主義的な学生運動にも注目したい。植民地朝鮮でも、1930年の光州学生運動など傑出した運動は存在した。

戦前と戦後の学生運動に関わる雑誌「学生評論」とは、個人的な縁を持っている。その戦前の雑誌の発売元を、筆者の母の実家の出版社・大同書院が短期間担っていた。京都帝国大学の学生たちが編集同人を務めたその雑誌は、『世界文化』『土曜日』よりも知名度は低いが、1930年代での発信として重要な意味を持っている。この編集同人だった増山太助氏は、戦後の学生運動を担う東大の井出洋氏と会って、戦後の刊行に向けての助言をしたという。だが運動の爆発的な高揚の中で、増山氏の期待よりはやや政治優先の誌面になっていく。

第2に、国際的な視野を持つことである。ヨーロッパ最古の大学であるボローニャ大学は教師と学生との組合として誕生した事実を想起したい。革命的インテリゲンチアを理解する際には、ロシアのナロードニキにまず注目すべきだ。その精神は、一世紀前の東京帝大の新人会や早稲田大学の建設者同盟でもヴ・ナロードとして意識されていた。

重要なポイントは、戦後日本の左翼とヨーロッパの左翼との異質性である。トニー・ジャットは『ヨーロッパ戦後史』（上）で社会民主主義派が西欧で定着した必然性を述べているが、日本の学生運動は異なる空間で進んだ。日本だけではない。時代は飛ぶが、80年代に爆発的に高揚した韓国の運動も欧州とは全く異質である。社会民主主義派の弱さも、1つの特徴であろう。

なお学生運動は、大学問題の矛盾の表出でもある点を意識したい。これは大学像の国際比較とも関わる。時代による激変も意識しておかねばなるまい。

国境を越えての躍動と連携、その国の社会風土に強く刻印された存在として、学生運動を考察することが求められている。大嶽秀夫氏は、『新左翼の遺産』で新左翼運動の初期におけるフランス文化との交流と連鎖とを鮮やかに描き出した。油井大三郎氏編の『越境する一九六〇年代――米国・日本・西欧の国際比較』など比較研究も蓄積されている。

第3に、現在では次項に述べる著名な書物も含めて、60年代末の学生に関わる多くの探究がなされている。それに言及する前に、以下の主題についても筆者は注目している。

宗教者としての学生運動もその1つだ。またどちらも著名な本であるが、木村聖哉・鶴見俊輔『「むすびの家」物語』と中村章『工場に生きる人びと』に魅了された者として、両著も学生運動論の文脈で意識してみたい。

前者は、ハンセン病回復者たちの宿泊所建設に関わった若者たちの記録である。後者は、学生として地域活動に関わった人が川崎の大企業労働者となった5年半の歳月を描いた名著である。いずれも狭義の学生運動史ではない。この両著から国境を越えたボランティア活動、労学連携を実践した人たちへと視界を広げることも可能である。

さらに、学生運動家と大学教員との関係性も大事なテーマだ。翻訳家としても著名な高杉一郎氏の軌跡に注目しよう。シベリア抑留を描いた名著である『極光のかげに』は戦後初期にはソ連の名誉を傷つける作品として、共産党系の活動家から指弾された。だが高杉氏はそれらの若者を排斥せずに対話を続けた。60年代後半には静岡大の全共闘系学生から糾弾され続けた。これに対しても氏は動ぜずに、権力的な対応などしていない。くぐり抜けてきた試練も人間の器も、学生運動家とは異次元の大きさだったのである。

池上、佐藤両氏も学生運動を考察する以上、これらの問題群を意識してきたと推測する。先行研究や注目すべき書物に言及すれば、両氏の対談ははるかに長大になってしまう。

注目すべき著作をふまえて

近年の著作を中心に、代表的な書物について言及しておきたい。

立花隆『中核VS革マル』(上)(下)は1975年刊行ながら、今もなお読まれ続けている。当事者にも取材し、内ゲバの事実の確定にも腐心している。両派間の事件が突出しているが、他派の関与も含めて死者だけでも100名に達することに改めて衝撃を受ける。同書にも登場する、早稲田大学の川口大三郎君のリンチ殺人事件の加害者である革マル派に抵抗する学生たちを描いたのは、樋田毅『彼は早稲田で死んだ』で、壮絶な体験の半世紀後に上梓された。

歴史社会学者小熊英二氏の『1968』は、上下2冊の大著として著名だ。時代状況と運動の軌跡を膨大な資料を基にして描き、圧倒的な存在感を有する。戦前・戦後初期の左翼運動を昔から探索してきた者としては、旧知の人物との「再会」だけでも有意義だった。ちなみに小熊氏は当事者からの聞きとりを追求しない。だが時代と運動の輪郭を把握できる労作なのは明らかである。

東京女子大構内の立て看板に「高級売春婦でいいのか！」と書かれていたという一節に、筆者は爆笑した。当時は四年制大学を卒業した女性の就職が困難であり、女性の大学進学を「高級花嫁修業」と位置付ける向きもあった。それをふまえて、この「自己否定」のスローガンを小熊氏は紹介している。筆者は思わず記憶を蘇らせていた。戦前の社会運動家で同大の卒業生ならば何人も意識しているが、戦後の同大の卒業生となると……。

何とまさに、70年代前半に卒業した人を想い出した。若き日に出会っている。奇遇すぎるが、5、6人が参加していた宴で、売春はいつか根絶されるか否かも話題にのぼったのだ。必ず根絶されると語った、8歳上のこの女性は理性的で麗しかった。

さて小熊氏の大著とは対照的に、丹念な聞きとりで東大闘争を描いたのは小杉亮子氏の『語りとしての東大闘争』である。東大関係でこの間も多くの本が出ている。富田武氏の『歴史としての東大闘争』は卒業後も実践運動で奮闘し、後に研究の世界に復帰した著者の自分史的叙述も興味深い。河内謙作氏の『東大闘争の天王山』には、七者合意の舞台裏も伝える貴重な証言と資料を収録している。同じく全共闘派と対峙した派の活動家による論集『東大闘争から五〇年』もある。

さらに国立歴史民俗博物館での企画展示「『1968年』無数の問いの噴出の時代」で、展示プロジェクト委員代表を務めた荒川章二氏の「日本における『1968』社会運動の歴史的特徴：試論」は現代史家の同年への視点をつかむ上で、最初に読むべき論文かもしれない。

池上・佐藤両氏の奔放な語りとともに、まずこれらの著作に眼を通せば当該期の学生運動へのイメージを豊かにすることができよう。両氏のコメントで、戦後学生運動史が書き換えられている訳ではない。ただ教科書には描かれない主題として、当事者の存在感も大きい分野である。両氏の発言に批判があれば、乗り超えを模索すれば良い。

暴力の実像をめぐって

そう書きながらも、釈然としないのが正直な気持ちだ。学生運動での不幸は、無数に存在する。池上・佐藤両氏の対談で、読者が最も強く反応するのは、学生運動に関する記述だと推察する。両氏も得々と語っているわけではないが、当事者として違和感を持つ人は多いだろう。たとえば革マル派の暴力をめぐって、読者から異論が提示されたことも、両氏はきちんと紹介している。

本章のタイトルに記した「渦」を正確に描くことは、至難の業である。平和運動や労働運動との比較でも、学生運動は変化も激しく、多くの人間が入り乱れているので捉えにくい。時代の変化もめまぐるしい。

1976年に大学に入った筆者の世代では、もう学生運動は終わったと見なす人が大半だった。その受けとめは、一般論として的確だ。ただ大学によって、個人の選択によっても事情は異なる。さらにこの世代でも、たとえば活動家の兄や姉がいれば、感覚は異なってくる。

筆者の身内の一人は、ある国立大学でともに学んだノンポリと思われる友人たちが、全共闘から京浜安保共闘を経て連合赤軍の活動家へと短期間に変貌して、山岳ベース事件（1971〜72年、連合赤軍によるリンチ殺人事件）の犠牲者として報道された時の衝撃を、今も言葉少なに語る。詳細を記すことは許されていない。

さらに深刻なのは、76年に大学に入った友人とその兄の事例である。横浜国立大学での内ゲバ殺人の現場である学生食堂に居合わせた友人の兄は、眼前で襲撃された一人の活動家と、それを止めようとして仲間と誤認されて襲われた一人と、計二名の死者のおびただしい血が流された場を目撃した。その1か月後に、よく通っていたテニスコートに隣接する学生寮でも内ゲバ殺人が発生した。これらの恐怖で心を病んでしまった。ノンポリの自分も襲撃されるという恐怖から逃れられず、就職後に症状は悪化した。ついに一度も回復できず、仕事にも従事できずに闘病の末に人生を閉じた。家族の苦労も、並大抵ではなかったという。

その弟は76年に京都大学に進学した。都内の大学とは異なって、極左集団によるすさまじい暴力が学内で続けられていることに怒りを持った。最初は無党派の自治委員として暴力反対を主張したが、個人で闘える相手ではないと自覚して、民青（日本民主青年同盟）の一員になった。民青とそれを支持する学友の力によって、自治会再建なども果たされる中で、さらに相手からの暴力はエスカレートした。その衝撃は後年になって、ＰＴＳＤのフラッシュバックの発症として彼を苛《さいな》んだ。最愛の妻が赤いヘルメット姿で自らを襲撃してくる幻覚を見たのである。離婚をよぎなくされて、病気のために早期に退職した友人は筆名・希土暁宣という。今はＰＴＳＤはほぼ寛解している。ブログでもこのテーマを発信していくと語っている（http://antiwar1021.blog54.fc2.com/）。

希土氏の同級生の小田切秀穂氏は、ブント系の学生によるすさまじい暴力を目撃したことを著書に書いている。ヘルメット姿の学生が、会場内に突入しようとして民青系に襲いかかったのか、ヘルメットの学生が無防備の学生の後頭部に角材を振り下ろし続ける場面である。、小田切氏は「やめろ、死ぬぞ」と叫んだので、勇気ある人だ。だが注目すべきは「これが内ゲバか」と書いている点である。

希土氏は、それに強く抵抗する。内ゲバではない。教養部自治会再建のための自治委員会という民主主義の場が、他大学生も含めた集団に一方的に襲撃された場面だと反論している。

敢えて、友人について踏み込んで紹介した。学生運動の渦をどう見るかを、改めて考えさせられる。筆者の身内も友人の兄もノンポリだった。自らは暴力を受けていない。だが、友人の兄は否応もなく人生を変えさせられた。友人も、活動家を辞めて時間が経ってから、その苦しみが倍加して襲いかかってきたのである。

暴力は忌まわしすぎる。その平凡すぎる結論を確認するしかない。非業の死を遂げた人たちへの、哀悼を抱き続けることしかできない。

さて、池上・佐藤両氏は学生運動の逸脱こそが、日本人を「一億総ノンポリ」化させたという評価に着地させている。厳密にいえば、その時点での急進的運動の自壊であろう。80年代以降も学生運動は消えていない。多様な分野での市民運動は長らく活発であり続けた。ただ世の中全体に与えた衝撃の大きさを強調する表現としては、的を射ているだろう。

活動家としての実体験を持つ佐藤氏は、自著で常に民青系への拒否感を露わにし続けてきたのが特徴的だ。佐藤氏のみならず、新左翼を始めとした他党派からの糾弾の対象になったのが民青系である。長らく唯一の前衛党と自己規定をした日本共産党は、「トロツキスト」として新左翼への敵意を隠さず、唯我独尊的な姿勢を貫いてきたという反撃だろう。全国ではこの系統の自治会が最多で、暴力反対のアピールを続けてきた点も反発を強めただろうか。この民青系も、一時期は黄色のヘルメットなどで武装して、正当防衛などを行っていた。

佐藤氏は自身の体験から、民青系がいかに陰険だったかを強調している。権威ある言論人の証言として、読者は真に受ける可能性もある。ここでも希士氏は疑問を呈する。

佐藤氏は、釘を打ち付けたプラカードで民青が襲いかかってきたと表現している。希士氏は同志社に行っていない。その点についての反証にはならない。それでも鉄パイプ・角材など多くの武器を持って、一方的に襲いかかってきた集団と、正当防衛だけをよぎなくされた民青系とを同列視できるはずもないと語る。ところが正当防衛を試みると、日共＝民青が暴力を振るったと大宣伝する。そのキャンペーンで、どっちもどっちとの印象操作を試みるのが常套手段だという。

関西の学生運動を知る人の証言である。京大や同志社での現場を知らない筆者は、発言を控えたい。ただ民青系による告訴について、佐藤氏が非難する点は不思議だった。人間として許し難い点があれば、どんなに慎み深い人でも他者を告訴する局面はあるだろう。ただ学生運動での衝突については、その都度告訴が受理されることはありえないのは自明である。

さて話を進めたい。今さら昔の党派闘争にこだわるべきではないことは、百も承知している。どの党派も無謬ではなかった。ただどの党派も等しく暴力的であったわけではない。

肝心なことは、戦後の日本共産党の誤りを断罪してきた新左翼諸党派が、50年代の共産党とは異次元の誤りを、60年代末から増幅させていった点である。これは社会運動の常識として、池上・佐藤両氏も強く意識している。

筆者は、この視点を1978年に犬丸義一氏の論文で学んだ。新左翼の内ゲバに関わって、以下の記述に眼を開かされた。「スターリン的偏向の日本的一形態である『50年問題』の『負の平方根』、マイナスの拡大再生産」という指摘である。

新左翼の陣営で、その観点を自覚した人は希有である。だが例外的な本もある。日本赤軍・重信房子氏の『大地に耳をつければ日本の音がする』と80年代に出会って驚いた。遠隔地での執筆だけに、実証も叙述も不十分であるが、日本共産党の苦難から新左翼は学ぶべきだと総括していた。

国内の新左翼の活動家で、その視点を持つ人は稀だった。中核派・第四インターの活動家歴を持つ村岡到氏が、80年代初めから非暴力の立場に立って、社会・共産の既成左翼と、新左翼との共同行動を求める主張を開始していたことは記憶している。

学生運動論を探究する上で、活動経験は不要である。ただ旧来の学生運動像への違和感も表明した以上、「傍観者でした」とは書けない。右往左往の活動記の一端を報告しておこう。

70年代後半の民青活動家として

小学校高学年で、前述の山﨑博昭氏とのご縁があり、三派全学連・秋山委員長、東大全共闘・山本義隆氏の名前も新聞でよく見た。小学校の友人の兄は高校紛争の当事者で、両親が悩んでいることを聞いた。姉が高校紛争の担い手だった中学の同級生から、岡林信康作曲の「友よ」を教わった。ただ紛争時の大学キャンパスの雰囲気などは全く知らない。

山岳ベース事件など連合赤軍による惨劇は、社会に衝撃を与えた。学生運動への拒絶感を強めたのが、76年に大学に入った同世代である。それでも活動家になった人はそれなりにいる。筆者は入学直後に民青に入った。民青への共感よりも、まともな学生運動ならば参加したいとの思いだった。全学連機関紙「祖国と学問のために」も刺激的で、新たな学びへの期待を持った。

唯一の懸念は、筆者の学んだ大学と学部である。72年秋の川口君事件の現場であり、革マル派の影響力は強かった。多くの先輩は、革マル派の暴力を体験している。72年から、革マル派の暴力支配に抗して、無党派の学生として毅然と闘い続けた「ヒダさん」の名前は入学直後に耳にしていたが、後に樋田毅さんと知った。民青の他学部の大先輩の中にも頭蓋骨骨折の重傷を負った人がいたと聞く。マンモス私学には信じがたい空間が存在していた。

学部入学式の日だった。革マルと民青の二人の活動家が激しい論争をしていた。その一人は、社会科学部の民青活動家だった。多人数で拉致されないかと不安とともに見つめていた。ただ幸いなことに、76年以降は、72年前後とは状況が変わりつつあった。

76年7月25日から、大阪での全学連大会に参加した。初めて全国の学生運動の息吹にふれた。自治会のない学部の学生は、オブザーバー参加だ。会場入口で参加者を出迎える女子学生に驚いた。都の西北の女性活動家とは異なる輝きで、一瞬アルバイトなのかと思った。

お上りさんは会場の熱狂の渦へと誘い込まれる。ラグビー観戦と違って、闘いの歌で鼓舞されてしまう。大ニュースが待ち構えていた。

7月27日の午後、増村耕太郎氏から緊急発言がなされた。東京地検特捜部が、ロッキード事件で田中角栄前首相を逮捕したという報告によって、堺市民会館場内の興奮は爆発した。今思えばジョン・リード『世界を揺るがした十日間』に登場する、ペトログラードの冬宮殿（10月革命の現場）にいるような錯覚に陥っていたのだ。その坩堝《るつぼ》の中で「国際学生連盟の歌」を歌った。

学生の歌声に若き友よ手を伸べよ　輝く太陽青空をふたたび戦火で乱すな
我等の友情は原爆あるもたたれず　闘志は火と燃え平和のために闘わん
団結かたく　我が行くてを守れ

筆者は熱狂に抗えていた。恥をさらせば、局所の苦痛のためである。人生でたった一度、陰金になった。夜行列車での旅で発症したのだ。一刻も早くこのスクラムから逃れて、治療に専念したい。爛《ただ》れていたらどうする。だがしかし、革命前夜のような熱狂からは逃れられない。辛さに耐えて歌い続けた。この時ほど高揚した歌声に、その後は出会っていない。

忘れがたい人は、大阪3区選出の共産党衆院議員・村上弘《ひろむ》氏である。来賓挨拶は火花が飛び散るようなアジテーションだった。この人に好奇心を持った。

最終日、増村耕太郎氏が次期委員長に選出された。前任の貴公子風の岡本氏とは対照的で、激しさを持つ人に思えた。大学の先輩たちも中央執行委員に選出された。その一人は髭が印象的な風格あるイケメンなのだが、政治家にはならなかった。増村氏は今も初志を貫いている。

全学連機関紙「祖国と学問のために」で確認すると、岡本委員長の報告は、自治会活動について総合的な方針を提起していた。全学生による豊かな自治会活動、学生の学び成長する要求に根ざした活動を模索していた。政党色を感じる人もいるだろうが、まともな方針である。自治会執行部は、実にこまめな活動を担っていた。この時点で、この全学連には301の自治会が加盟していたという。長らく前にこの全学連もほぼ消滅したらしいという情報を聞くと、感慨深い。

さて、田中氏逮捕に参加者はなぜ熱狂したのか。我らの闘いで自民党政治をさらに追い詰められるとの期待だろうか。NHKの「ニュースセンター9時」では磯村尚徳《ひさのり》氏が「自民党も黄昏時です」とコメントしていた。ちょっとキザな人の一言にも煽られていた。

また最近まで忘れ去っていたが、よく読んでいた『週刊朝日』も、ロッキード事件報道で奮闘していた。9号連続でトップ記事はロッキード関係、年間で二度もそれを繰り返すという誌面構成だった。トップ以外でも膨大な記事が掲載されている。ジャーナリズムの存在感は、今より大きかった時代である。

田中氏逮捕に感激して良かったのか。これがロッキード疑獄の真相究明において、いかなる意味があるかについては当時も議論があった。この逮捕には裏がある。なぜ田中はアメリカの恨みを買ったのかについては、諸説がささやかれていた。

現時点までで最も説得力を持つのは、近年の春名幹男氏の『ロッキード疑獄――角栄ヲ葬リ巨悪ヲ逃ス』だろう。中国外交に関わって、氏がアメリカの怒りを買ったことを裏づける決定的な資料を発見した。

日本での事件発覚から、何と44年後である。一流ジャーナリストでも真実への到達には長時間を要するのだ。「ミネルヴァのフクロウは黄昏時に飛び立つ」というヘーゲルの言葉（学問は常に現実に立ち遅れるという意）も蘇ってきて、学生時代の笑い話をつい思い出す。

このフレーズを革命的な情勢での決起を訴えていると誤解して、「今こそミネルヴァのフクロウのように飛び立とう」とアジった学生がいるとの話に、腹を抱えて笑ったものだ。だが筆者自身はもっと低レベルの言動をくりかえしていた。昼間のフクロウのごとき者でも加盟できるのが、民青の美点である。

さて１９７６年に、日本共産党は猛烈な火の粉を浴びていた。１９３３年の宮本委員長のスパイ査問事件が焦点になっていた。とりわけ76年1月に、国会で民社党春日一幸氏による宮本氏を追及する質問があり、前年から『文藝春秋』で連載中の立花隆氏の「日本共産党の研究」によって、緊張感は高まっていた。共産党側は「犬は吠えても歴史は進む」とのユニークなタイトルの長大論文で立花氏に反撃し、「金権・戦犯・売国」の自民党政治を批判した。

記憶に残るのは、スパイ査問事件に言及した加藤周一氏のエッセイである。ギボン『ローマ帝国衰亡史』を引用し、宮本氏を攻撃する者たちに対峙した。「非難の相手は、『スパイ』を送りこみ多数の共産党員を拷問して死に至らしめた権力ではなく、『スパイ』を送りこまれ、容疑者拷問の自衛手段をとらざるをえなかった共産党員である」と記している（「朝日新聞」10月8日）。ただ「容疑者拷問」とのくだりは、党の公式見解とのギャップがあるので、物議を醸していたことも記憶している。

「赤旗」のスパイ査問事件での反撃キャンペーンは、長期間続いた。その一方で、同年の初めから平野謙氏ら1930年代を知る証言者も週刊誌などに登場し、「赤旗」とは異なる視点を示していたことにも興味をひかれた。

この秋、タイの「血の水曜日事件」に注目した。政権に批判的な左翼学生が続々と殺されているらしい。内ゲバ殺人の頻発する日本とは違って、何と政権が次々に銃殺する国もあるのだ……、ぼんやりとした不安の後に恐怖がこみ上げてきた。

12月の総選挙に向けて、民青への動員の要請は強まっていた。民青の分班会議で支持協力決議を挙げた上での行動である。拒むのも自由である。だが72年の総選挙で大躍進した共産党は存在感を持っており、さらなる前進も可能であると支持層の期待は高まっていた。

特宣隊（全都特別宣伝隊）の行動に、何度も参加した。下町の選対事務所でのエピソードは印象深い。著名人の激励メッセージを聞いていたら、「尊敬する人のほとんどが共産党員です」とある演劇関係者は話していた。さらなる驚きは、共産党弾圧を挙行した昭和初年の宰相の孫が活動家になったという情報である。フェイクだったのか、聞き違えなのか。最近確認してみると、孫はもっと年長世代である。

1930年代を意識する選挙戦だった。地元東京1区の現職の紺野与次郎氏は戦前の非合法時代の活動家でもある。高田馬場駅に駆け付けた野坂参三氏が、「友党である社会党」と演説で語ったのは忘れがたい。30年代の野坂氏の海外での反戦活動は、小学生の時から知っていた。最も好きな政治家の一人だった。

対照的な場面は、東京2区の最終盤の街頭演説だった。ある都議が、同区選出の宇都宮徳馬氏（戦前の一時期は共産党員）を左翼からの裏切り者として罵倒した。米原昶《いたる》候補の苦戦に苛立っていたのか。宇都宮氏と同世代としての鬱憤も爆発したに違いない。

この選挙で共産党は、議席数で半減（40→19）という惨敗だった。前回は全員当選した東京でも半減するとは、予測できなかった。わずか半年前に誕生した河野洋平氏らの新自由クラブが、17議席と大躍進したのとは好対照だった。

東京1区で紺野氏は落選し、最高点は民社党の麻生良方氏である。父の麻生久氏も新人会を経た合法左翼、労働運動の闘士である。前回は次点で涙をのんだ麻生氏が浮動票を集めたのだ。次点バネという言葉の重みを実感した。

学業を二の次にした選挙応援なので、失意は大きかった。部屋にこもって『共同研究転向』の三冊を必死に読み続けた。活動を辞めると表明する仲間も出てきた。それは偶然の一致であるが、本の内容に魅了されてしまった。
さて、今思えば悲嘆すべきでもない。76年総選挙は惨敗したとはいえ、得票数は500万を超えている。社共両党の得票数合計では1774万票（31％）と公明・民社両党の合計970万（17％）をはるかに引き離していた。40数年後とは大違いだったのである。

翌年の参院選でも懲りずに応援を続けた。下町の商店街でのビラ配りで、狭山差別裁判糾弾のゼッケンをつけた人物が「この裁判に敵対するな」と挑みかかってきた。野間宏『狭山裁判』なら読んでいると応じ、激しい口論になった。指揮をとる都立大の女性幹部活動家が駆けつけてきて、「挑発に乗るな、論争せずにビラまきしなきゃ」と的確な指導をしてくれた。

選挙戦は熱くなる。聴衆もヤジを飛ばす。76年総選挙の新宿区の個人演説会では、宮本委員長を擁護しようと長広舌をふるう紺野氏に対して、高齢の男性が「昔のことは良いんだよ」と叫んでいた。40数年前の事件は、庶民にとって切実な主題ではないことを自覚した。

「金権・戦犯・売国」という共産党の自民党批判は、利益誘導を期待する多数派には届いていなかったはずだ。ただ77年参院選でも地方区で515万票を獲得して、70年代前半までの躍進期の勢いはまだ残っていた。76年、77年の二つの国政選挙に非党員として全力で協力した。この経験を通して、この党のリアルな姿を認識できるようになった。

選挙後は自由だと思ったら、大間違いである。カンパニア闘争は永続的だ。爛々とした眼で、出番の情勢だと訴える先輩がいた。この人の口癖である。生活費を自力で稼ぐために、アルバイトにも追われていた。要請には応えられない。この先輩のように党員になれば、活動一色の生活を強いられる。それだけは避けたかった。

民青は、共産党の下部組織とみなされている。そもそも革マル派や中核派、迷彩服とヘルメットで軍隊行進をするマル青同（マルクス主義青年同盟）などとは違って穏健である。学びと友情を大事にする組織として、15歳から誰でも加盟できる。佐藤氏が、社青同の知的優越性を誇示したくなるのも理解できる。ただセクトの知的水準の優劣を決めることには、筆者は強い意義を見出さない。

さて宮本顕治氏の忘れがたい演説に出会ったのは、1977年2月の民青の大集会である。党と民青との深い関係、「党のみちびきを」受ける必然性について「そういう仕掛けになっています」と率直に述べると、場内の参加者は大爆笑した。その「仕掛け」にはまった者たちの自嘲もあっただろう。

党の側は、民青を叱咤激励する事情があった。党にとって青年学生運動の奮闘は不可欠である。さらにもう1つの切迫した事情は、後に書くことにしよう。

入党工作を拒めなかったある友人は、すぐに機関紙拡大の嵐に巻き込まれた。「赤旗」（日刊・日曜版）と（共産党が刊行する）「学生新聞」の拡大で1日に11部の成果をあげて、拡大英雄になった。こんな活動を避けたい賢明な同盟員は、距離をとる。サークルの活動家は知的水準も高かった。

筆者は、8号館地下のサークルに77年の一時期在籍した。政党系の動員で消耗するなど愚かだという問題意識の人たちが多かった。マズローの欲求5段階論（人間の欲求とは生存の維持だけでなく、高次に発展していくという学説）もよく話題にされていた。19世紀英国の資本主義と70年代の日本資本主義とは違う。企業は従業員の自発性を引き出す管理法を導入している。野蛮ではない。社会を変えたければ、賢くなれという指摘は耳に痛かった。

その後、別の社会科学系のサークルで政治学や国家論、社会主義論を学んだ。そのサークルで開催した田口富久治氏（名古屋大学教授・政治学）の講演会は、知的刺激に満ちていた。ただその種のテーマに強い関心を持っていると、史学科の勉強はさらに立ち遅れる。3年の途中からは民青とサークルから距離をとって近現代史の勉強に専念した。4年では出版社での嘱託勤務も始まった。

活動家にとっての消耗と喜び

学生運動で何ができたのか。学部での自治会再建を大目標としていた。ただそれを志すメンバーは少数で、突破口は見出せない。革マル派も、この76年以降は文学部での暴力は基本的に自粛していた。小競り合い程度しか知らない。だが革マル派の自治会僭称と早稲田祭私物化は長らく続いた。その後に奥島孝康総長の勇気ある決断によって、終止符が打たれた。

1966年の学費闘争、72年の川口君事件と暴力一掃の闘いはこの大学の歴史に刻まれているが、筆者の4年間に特筆すべき闘いはない。空白の世代と見るべきかもしれない。政治活動の応援が目立っている。ただ原理研＝統一教会の暗躍は、多くの学生の危機感を集め始めた。韓国で罪に問われた、在日韓国人留学生政治犯救援の運動を続ける人もいた。

当時において、革マル派を批判できる法学部自治会の存在は頼もしかった。法学部祭の講演会は、貴重な学びの場になった。被爆者の証言に初めて接したのも8号館での学習会だ。

大学1年生の秋、1976年10月6日の夜の記憶は鮮やかである。川口君が殺された2年前の1970年のこの日に、第二文学部の山村政明君は自殺している。在日韓国人梁政明《ヤンチョンミョン》として生まれ、10歳で日本に帰化したが、民族差別の問題に直面し続けたキリスト者である。大企業に就職後も、文学への思いを断ち切れずに早稲田に進学すると、革マル派に眼を付けられた。一時期、民青にも加盟していたと聞く。若き日からのすさまじい苦悩と懊悩は、遺稿集『いのち燃えつきるとも』に詳しい。革マル派の暴力も、自殺の要因だったと読みとれる。

その日、300人ほどの学生が、松明《たいまつ》を掲げて本部キャンパスから文学部へと歩みを進めた。死者を悼む隊列は、政治集会後のデモとは異なる雰囲気だった。

「あのスロープに／あの中庭に／暴力が奪った学園に／どんなにか、どんなにか／入りたかったことだろう……」

初めて聞く歌声は胸に迫った。この日の参加者には、未知の人も多かった。

当日の行動を率いる法学部自治会の三役に、二人の1年生がいた。副委員長は、童顔で聡明そうな人。書記長は、メリハリのある雄弁家でシティボーイ的なタイプ。卒業後に副委員長は研究者になった。書記長の弁舌は酒屋の息子として　角打ち（立ち呑み）の客を相手に鍛えてきたことを後に知った。後日談はさておき、二人は同年齢とは思えないほど見事なふるまいだった。

さて山村政明氏の焼身自殺した現場から発見された「抗議・嘆願書」に関わって、後日に意外な話題を耳にすることになった。

10月6日の松明行進の後に本部キャンパスにもどって大隈銅像前で総括集会は開かれた。山村君の「抗議・嘆願書」が朗読された。自死する前日に記した文書の末尾の9項目のアピールで「金嬉《キムヒ》老《ロ》氏同胞の法廷闘争断固支持！」は読み飛ばされた。ある参加者から抗議されたことを、第二文学部の友人から教わった。大門孝司氏によれば指示があったようだが、全文を読むべきと今は思う。寸又峡の殺人・監禁等の事件の金嬉老被告を、山村氏は人生を閉じる寸前にも意識していたのだ。

法学部自治会の内実は、他学部からは知りえない。だが全員加盟制の自治会を担う活動は激務なのだ。ある日、同学年の法学部活動家は、はやり歌を自嘲気味に口ずさんでいた。

「ああ今夜はもう帰れません私…」

77年のヒット曲、岩崎宏美の「熱帯魚」である。立て看やガリきりなどのムスケル（独語で肉体労働）、自治委員総会なども含めて活動は多忙らしい。何も活動家同士で連日泊まらなくても良いけれど。無党派学生も自治会活動に参加するが、その中心は民青活動家だった。

後年に法学部自治会は民青系ではなくなり、現在では「自治」の二文字を取って学生会として存在しているらしい。昔の自治会を担っていた多くの一般学生も、先頭に立つ活動家もいなくなったのだろう。

活動に忙殺されると矛盾を抱え込む。消耗する。当時も活動家＝人柱と冗談まじりに語られていた。熱帯魚ほど大事にしなくても、潰さない工夫は大事である。忙しさの理由を考えることから、活動を改善すべきだった。自治会の存在しない文学部でも、大違いではなかった。ある友は学生時代を鈍色《にびいろ》だったと総括した。まさしく至言であろう。

ただ先輩たちからの刺激は大きかった。入学直後に同学部のある先輩が、トロツキーは偉大な革命家であると教えてくれた。ドイッチャーの評伝3部作をぜひ読むようにと薦めてくれた。当時、筆者が熱心に読んでいた雑誌の1つは季刊『現代と思想』(青木書店)で、マルクス主義の新たな模索を示す論文が数多く掲載されていた。民主集中制についての藤井一行氏の長大論文も、76年にこの雑誌に掲載された。

最も親しい先輩は、前橋出身の2歳上の人で下宿が近かった。卒論で戦後の主体性論争にとりくんでいた。近代主義の問題提起や、マルクス主義の人間論と自由論についても、この人の教示で初めて学ぶようになった。筑後川近くで育った1年上の朴訥な先輩は、レーニンの労農同盟論にひかれていた。農村を知らずに近現代史を語れるはずがないことを自覚した。

たまり場を共有する第二文学部に親友ができた。社会運動史を含めて、多くの知的刺激を受けた。もう一人の友と三人でプーランツァス『ファシズムと独裁』の読書会を続けた。ファシズムは、暴力のみで維持されたのではなかったことを意識した。

指導部の学生は、一般の活動家とは異なる空間にいる。拡大や動員の先頭に立つので、アジテーターと理論家も多い。同級生も抜擢されていた。共産主義者と自認する彼は、「アジる」「詰める」を連発した。彼からの長時間の説得を受けた拡大対象者は、疲れはてて民青に加盟する。まさに

「肉体オルグ」の達人だった。彼にとって筆者は、典型的な日和見派にすぎないだろう。

その指導部の彼が、ベトナム人民の闘いを描いた小説『不屈』（グエン・ドック・トアン作）への感動を語った際に、声を震わせていたことを覚えている。ベトナムで独立と自由のために死んでいった人びとを忘れまい。その思いは彼と同じだった。だが70年代後半のベトナムからボートピープルとして日本に漂着してくる人びとを、彼はどう語っていただろうか。

76年の入学式直後に読んだ、吉野源三郎氏の『同時代のこと』は感動的だった。だがベトナムの現実は、もう異なる局面に達していた。戦争で傷ついた社会と性急な南北統一による混乱、硬直した党の指導は矛盾を加速させていた。ベトナム戦争の勝利で、世界史は新たな局面を迎えるという期待は長続きしなかったのだ。

希望の星は、ユーロコミュニズムである。イタリア、スペイン、フランスの動向を日本語で学んだ。共産党発行の『世界政治資料』（井出洋編集長）は、海外の動向を知る上で有益だった。だが激動の中国など現存社会主義国には、依然として無知だったことを想い出す。日々何をしていたのかと苦笑せざるを得ない。

1979年12月、ソ連のアフガニスタン侵略に強い憤りを感じた。その苛立ちによって学部読書室のドアを強く引いたら顔面に激突してしまい、激しく出血した。大学本部の診療所で応急処置をしてもらった情けない思い出もある。一方で同年のイラン革命には反応もできなかった。

「羅針盤」は正しかったのか

個の軌跡とは、恥の集積である。学生運動論には到達せず、学生像の一切片にすぎない。同学部の活動家同士でも、日常や内面は知りえない。民青の内部で語れることもわずかだ。

中野翠氏の『あのころ、早稲田で』は11年先輩の記録として興味深い。著名エッセイストの可憐な写真と、無党派左翼学生としての日々に注目した。左翼学生のボキャブラリーや読書傾向は11年後も共通する。当時と異なるのは革マル派に伍して活動するセクトと、多様な党派も共存するサークルの激減だろう。学生の活動するクラスターも小粒になっていた。

とはいえ、70年代末の早稲田に数百人ほどの民青活動家がいた。大先輩の宮崎学氏のごとき「突破者」にはなれない半端者は、知的に尖鋭な学生からは失笑を買っていたかもしれない。数百人の中で熱心な層は限られ、総数4万人の学内での影響力を過大視できない。

なぜか記憶している一場面を書きたい。78年、文学部正門で学部当局への要求を記したビラを配布していた。通りかかった女子学生の一人が「思想よ!」と叫んで、受け取るなともう一人に意志表示した。魅力的なその姿もさることながら、語彙に強く驚かされた。

学生の左傾化への危機感を、思想問題と表現したのは昭和初期だろう。70年代後半の言葉ではない。マルクス主義を会得したという境地とは、筆者はまるで違っている。1年生で鹿野政直教授の講義を聴いて以来、近代日本思想史も学んでいた一人にすぎない……。

いや前提が違っていたのだ。その女性は人相の悪い私たちを見て、これぞあの原理研だと警戒したのかもしれない。その話題からもう1つの記憶へと連鎖していく。

「勝共連合は韓国へ帰れ」。このスローガンを当時は用いていた。日韓連帯に関心の深い学友から、「韓国はどうなっても良いのか」と問われて言葉に窮したのも学部時代である。それ以後、韓国の人権状況を初めて意識してから1980年の光州事件を迎えた。ただ韓国での統一教会の実態を、この間は強く意識していない。かくして2022年の夏を迎えた。日韓両国での統一教会の活動の落差を、強く自覚することになった。

さて話を戻したい。60年代後半から民青が伸長したのは明らかだった。あの全貌社が、『恐るべき民青』で警告しただけの根拠はある。筆坂秀世氏は、当時の首都圏の銀行の行員で約千人もの同盟員がいたと明らかにしている。監視の厳しい業界なのに驚異的である。あの「青年同盟の呼びかけ・規約」を読んで銀行員が加盟したかと思うと、とても不思議だ。

「わたしたち青年は、いますばらしい時代、夢が現実となる時代に生きている」という叙述を思い出す。社会主義陣営の存在感の大きさも讃えていた。この組織内の常套句として、「羅針盤」を持った人生を選ぼうと訴える人は多かった。

だがその「羅針盤」は、精密だっただろうか。社会進歩、社会発展なる枠組み自体に、問題は含まれていた。資本主義から社会主義への発展は必然的でないと、筆者も民青に入ってから強く自覚するようになった。

一般学生の活動家へのまなざしも冷やかに思えた。10年前、15年前とも違っていただろうと推測する。筆者の場合はアジテーションは上達せず、優秀な学友へのコンプレックスも強い。中途半端な存在だと自覚していた。活動の圧迫感にあえいでいたのが、正直なところである。

だが、この青年学生運動を全否定すまい。劣悪な労働条件の職場などでは、「羅針盤」を頼りにする人もいた。親指（党）と小指（民青）との関係性はもつれあう危険性もあるけれど。混迷したら立花隆『中核VS革マル』を再読すべきだ。両派とは異質の運動を志向した。

当時の「羅針盤」や運動のあり方に、その後に批判的になるのは無理もない。当時から、押しつけではなく、皆で創造していく運動こそ望ましかった。

ただ、漁師は羅針盤などなくても、日和と風と山によって舟を操れる。海をまるで知らなかった自らも顧みたい。さらに、京都大学ですさまじい苦難を背負って奮闘した友人の姿を含めて、より厚い壁に挑んできた人たちを忘れるべきではないと思う。

余談になるが、旧財閥系企業に就職したある友人は、夫婦喧嘩の際に魅力的な妻からよく脅されたという。「夫は民青の大幹部でしたと人事部に告発してやる」と息巻くので、すぐ自己批判して、口から出まかせの弁舌力で懸命になだめたという。

「今や立派な会社人間だからご安心下さい」。もし人事部に通報しても、そう保証してくれたに違いない。

大学卒業とともに、私も民青から離れた。戦後革新勢力の一員という自己規定で構わない。政党色のない市民運動の催しに参加する機会を増やした。韓国やフィリピンでの闘いも、より身近に感じるようになった。英語を堪能に操れる人たちはまぶしかった。

アンジェイ・ワイダ監督の「大理石の男」で忘れがたい一場面がある。ポーランドで「全世界民主青年歌」とは、社会主義体制の抑圧を象徴する歌だったのだろうか。二度と歌うまいと思った。だがダブルスタンダードかもしれないと自覚した上で、「国際学生連盟の歌」は歌い続けた。「労働にうちきたえし　実らせよ学問を」の一節は、学問から離れてしまった者としては悔しい。だが「都の西北」よりも心に響く歌であった。

【三冊との対話】

学生運動の高揚期を知らない世代の読者にとっては、驚きの事実が記されている。ただ高齢世代には既知の事柄も多い。学生運動を斬新な視点で描くのは、該博な知識を持つ両氏でも難題である。佐藤氏の華々しい体験は、『私とマルクス』に記されている。

威圧と暴力に満ちた空間だけは、もうご免である。ただ、自己肯定感の低い現在の若者は、昔風の活動家にはならないだろう。なぜかつての学生運動家は、あれほどまでに自己肯定感が高かったのか。ただ全員が大河の一滴と達観するタイプでは、運動にならないだろう。自明ではあるが、数年間の学生時代よりも、卒業後の歳月ははるかに長い。そこで社会とどう関わるかは各人の事情次第である。限りなく個の軌跡になってしまう。

学生運動という難題を、軽いフットワークで語った池上・佐藤両氏の挑戦に改めて注目した。なお80年代以降に従来型の学生運動は衰退していくが、国際NGOも含めて多様な市民運動に貢献してきた若者は無数にいる。その流れにも注目するのは当然である。だが左翼と括られることを望まない人たちも、その中には多い。

学生運動の渦中で苦闘した人が、他者の描く学生運動論に納得できないことはありうる。ただ自らがより良く描き直すことは困難であろう。責任を持って描けるのは、多くの場合サークルやゼミナール、特別に強い絆の友人関係の範囲に留まる。

その空間でも複数の視点と評価はせめぎ合う。まして学生運動の全体像などについては、コミットがむずかしい。結果として、社会への問題意識を育んだ「原点」を反芻しながら、多くの人は生涯を閉じていく。

第3章　なぜ働く者は社会変革を実現できないのか

二人の耕一郎氏とは異なるアプローチ

日本の労働運動が頂点に達したのは、1975年の「スト権スト」だったと池上氏は『漂流　日本左翼史』73頁で語っている。思わず「本当かな」と声を漏らしてしまった。

個人的には、このストを大歓迎した。受験生なので1週間も高校が休みになり、勉強の遅れを取り戻せたのだ。とはいえ、成人した以後はこのストの敗北とは、公労協によって組織されたスト権回復を求める闘争の敗北であり、まさに労働運動の後退を象徴する事象であると考え続けてきた。

だが今や、池上説を大間違いと言えるだろうか。あれから48年になろうとする現時点で、労組の存在感はさらに弱まっている。当時の存在感は、まさに輝かしく思えるほどだ。

スト権ストから6年後の1981年ごろだろうか。大学の先輩、法学部卒業の刑事コロンボに似た人から伝聞情報として教えられた次のエピソードは、記憶に鮮やかである。

「日本革命の前衛は、ＩＭＦ・ＪＣ傘下の労働者だ。山田盛太郎氏はそう語っている」

ＩＭＦ・ＪＣとは、金属労協である。鉄鋼・自動車・電機など基幹産業の労働組合で、現在の連合（日本労働組合総連合会）の中心を担っている組合がかつて構成していた。

講座派の大黒柱・経済学者の山田氏は何を伝えようとしたのか。大企業労働者はすでに革命を担う能力を備えている。あるいはやがてその時は来るという説なのだろうと解釈した。ただその時点で労働運動の現状を検証してみると、現実とのギャップがあるように思えた。

巨大企業の従業員は、企業の秩序に取り込まれる。権力奪取の革命は、日本では実現できない。40余年が経った現時点でそう判断せざるを得ない。

では社会党、共産党などを始めとする、左翼の社会変革モデルとは間違いだったのか。絵に描いた餅だったのだ。かつては敗北主義、投降主義と罵倒されたはずの一文を、平然と綴っている。

佐藤氏が敬愛した運動家である山崎耕一郎氏（社青同を経て社会主義協会）は『ソ連的社会主義の総括』で、日本の社会主義運動の後退は、独占資本に敗れたのが主因であると総括している。後退と敗北の局面だと認めることは、勇気を必要とする。

もう一人の耕一郎、日本共産党の上田耕一郎氏（副委員長）は終生闘いの可能性を語り続けた。山崎氏の自省的な視点も上田氏の不屈で楽天的な姿勢も共に大事なスタンスである。

だが、状況認識を吟味すべきであろう。池上・佐藤両氏は、労働現場や労使関係について重視していない。私はその点をぜひ解明したい。まず労働組合と労働者階級の使命を左翼は誇大にとらえていたのではないか。強い決意と使命感によって、視野狭窄になることはあり得るのだ。

基本的データを確認しておく。労働組合組織率の頂点は、1949年の55・8％。組合員数は、70年代から90年代まで激変はない。現在は約1千万人。ただ現時点の組織率は16％、非正規では8％にすぎない。敗戦直後の高揚期にも、労働運動が衰退していく予兆は示されていたのである。

労働運動の高揚期に、弱点は見えていた

第1のポイント。敗戦直後の高揚をどう見るべきか。

戦時中の抑圧と戦争の犠牲への怒りと飢えに直面することで、労働運動は燃え上がった。最左派の産別会議（全日本産業別労働組合会議）も躍進した。電産型賃金や経済復興闘争も含めて存在感を示したが、他派との緊張感は強まる。

日本共産党による産別会議への介入に反発して誕生した産別民主化同盟は、短期間で組織を増大させた。したがって1949年のドッジ・ライン（日本経済自立と安定のために実施された財政金融引き締め政策）やレッド・パージによる解雇のみで産別会議の後退を説明できないのである。それ以前の時点で勢力を急減しており、49年の人打撃を経た後に58年に解散した。それに代わるように、総評（日本労働組合総評議会）が誕生後に急速に闘争性を強めていくことは周知である。

なお政党との密着で批判される対象は、産別会議だけではない。総評と同盟（全日本労働総同盟）も同様である。単産の機関決定による特定政党支持は、組合員の政党支持の自由を侵害すると批判されてきた。その延長上に連合の現在も位置している。

第2のポイント。敗戦直後の従業員組合の多数は、後に企業一家主義で従順な労働組合になった。それは以下の文脈から必然的だった。

戦時中の産業報国会（戦争協力のための労働者組織）の事業場ごとの組織である単位産報を母体にして、大多数の従業員組合が結成されたのである。労働組合育成という占領政策に各企業が順応して、職制層のリードで会社共同体としての組合を育成した。従業員組合の専従者の給与も会社は負担し、組合費の徴収を会社が肩代わりするチェック・オフ制度は長らく機能した。組合室の提供なども、会社共同体においては自然な対応なのである。

野村正實氏の秀逸な規定、従業員組合とは「労働組合ではなく、最初から会社の一部だった」は企業別組合の存在感の希薄さを射抜いている。もちろんより良い職場をめざす多くの努力は存在してきた。ただ従業員組合の出発点には無理もあったのである。

日本国憲法では労働者の基本的権利として、労働権と労働三権（団結権、団体交渉権、争議権）が規定された。ただその条文と現実とのギャップは巨大である。

3番目のポイント。敗戦直後から平等を強く志向した労働組合の大多数は、なぜ働く者の序列化と選別を受け入れていったのか。

まず敗戦直後の平等化への強い要求に注目したい。戦時中までの差別的な身分制度への反発はすさまじかった。平等化の要求によって、その多くは戦後に撤廃された。ただ学歴や性差による格差までを撤廃した職場は少数である。

この時期に生活給中心の電産型賃金も普及した。ただ家族数を重視する賃金で、仕事に即していない賃金制度である。支持できない組合員もいる。経営者はその点も意識して、後に賃金制度の再編成を図る。職場からの批判に対しては、企業内秩序に吸収するために新たな改革を試みた。何度も繰り返せば、批判者は減少していく。

以上の論点に関わって膨大な研究と書物が存在しているが、兵藤釗《つとむ》氏の『労働の戦後史』（上）・（下）も有益である。労働者の闘いは社会主義への道を切り開く。労働者階級は資本主義社会の墓掘り人になるという『共産党宣言』のメッセージを担う潮流が、日本の企業現場で大きく前進してきたという結論は示せない。まさに真逆なのである。それがどの時点で確定的になったかは議論に値するが、現時点ではそれ以外の総括は見出せない。

理想を求めて、組合活動に打ち込んだ人たちを冷笑できない。その中に多くの社会主義者が存在した。ただ労組の奮闘は、以下の文脈によって現実を規定したといえよう。

組合が強ければ、ごく普通の経営者は緊張感を持ってしたたかな管理を強める。組織体は生傷や傷跡を抱えるほど、それを修復し再生・発展するダイナミズムを発揮する。その躍動感で企業組織も次代を切り開く。

活動家の奮闘で、組合が長らく存在感を持ってきた職場も多い。ただ企業別組合が多くの単産の中心である以上、企業内の事情を無視して、企業外での組合活動への主体的な姿勢は生まれにくい。常に職場にとらわれるのである。ユニオンショップ制度の問題点もある。また単純に数の問題でもある。一産業の過半数が、主体的な組合活動家であるような現場は存在しない。

労働組合の組織率の低下は、戦後日本社会の象徴である。敗戦以来の労働運動の空間で、革命を志す党派活動家も大いに努力してきた。その上で、資本主義社会の墓堀人が激減した事実は決定的に重い。労働組合こそが働く者の生活を守れるという思想も、世代を超えて継承されず、明らかに縮小した。今や革命をめざす労働運動家などは皆無に近い。労働運動の担い手は、目前の課題に没頭する人が多いので、戦後初期などの「革命空間」を想像することも不可能になっている。

NHKの世論調査「日本人の意識」は73年以降の5年ごとの調査である。念のために、この間の変動を示す数字を掲げておこう。職場で問題が発生した際に労働組合をつくって問題を解決するという選択をした人の比率は、73年の31・5%から2018年は15・6%と半減している。

なぜ労働組合は存在感をなくしてきたのか。それを労働運動の栄枯盛衰として把握するだけでなく、別のアプローチからの解明が求められていると判断する。

高度成長期に職場はどう変わったか

新入社員をイメージすれば、理解しやすい。職場の一員になるとは、そのシステムに組み込まれることだ。多くの企業の人事担当者は、文系新入社員の専門などについては関心を持ってこなかった。新人研修からスタートして、実務の中で教育できるとみなしてきた。入社時に仕事内容の契約はしない。業務命令で何でも担当することを新入社員も覚悟している。

就職ではなく、就社である。欧米とは異質であると、昔から指摘されてきた。現在では欧米のジョブ型とは異質なメンバーシップ型として、日本の雇用システムを解説する濱口桂一郎氏の著作が広く参照されている。

メンバーシップを手にして、何十年とその社に勤務しても職場のすべては認識できるはずもない。さらにどの社にも独自の社風がある。入社時にそれになじむ重要性が教育される。

以上の点もふまえて、働く者の空間を意識しながら戦後史を概観したい。敗戦直後は、多くの職場に経営協議会（使用者と労働組合との協約によって設けられた常設の協議機関）が存在した。労働組合はこの場を重視したが、経営への介入を嫌った経営者団体からの反撃で大半は廃止されるか形骸化されていく。ドッジ・ラインでの大量の首切りは、労使間の激しい攻防となった。争議を収束して、経営陣は主導権を握っていく。

日本経済は復興を果たして、1955年以降は経済成長へと疾走を開始する。終身雇用という語が誕生したのは58年だ。終身雇用、年功序列、企業別組合の三本柱による日本的経営も広く知られている。日本の豊かさを実現したシステムとして、海外からも礼賛されてきた。ただ多数の職場では女性差別を放置していた。終身雇用も完璧な保障とはいえない。日本的経営の功罪をどう見るかは、長らく日本社会論の大事なテーマである。

高度成長期に、各社の人員規模は拡大した。農村から都市への人口移動はおびただしい。三大都市圏での1956年から70年に至る転入超過数の累計は、820万人に達する。経営者は生産性向上を求めて、設備投資と技術革新を進めた。多くの職場では労働そのものが変容していく。最も注目すべきは60年代後半の鉄鋼、自動車など基幹産業の労働現場で労働者管理のシステムは精緻になっていた点である。

そのしくみを概観したい。新入社員の採用時から左翼排除は意識されている。身元調査や共同体に依拠した採用も行われてきた。入社後の人事管理は緻密で、社宅や福利厚生制度の充実で会社主義を浸透させていく。生産工程は厳格に管理され、分業も徹底化された。

高度成長期に広くとりくまれたQCサークルは、品質管理の小集団活動である。60年代から80年代が最盛期だった。ミスを減らして良質の部品を生産するために、創意工夫する。青年労働者として、この活動で働きがいを強めた人も多い。

労働組合を通じての結束よりも、会社主導のこの小集団活動が影響力を持った職場もある。もちろん生産現場ごとにその有効性は異なる。労働組合の存在感も同様である。その一方で職場慣行は変化している。鉄鋼業でかつては自前の地下足袋で働けた。60年代後半には、作業着やヘルメットなどが会社から支給されるようになった。これも管理の一指標といえる。

とはいえ、60年代前半までは、基幹産業の多くの労働現場で労働組合の存在感は衰えておらず、現在とは大きく様相を異にしていた。労働運動を牽引する総評において国労、日教組、全逓、全電通、自治労などの存在感はきわめて大きい。産別組織や地域組織も強化され、企業内の活動にとどまらず、社会的政治的主題にも熱心にとりくむ組合の比率は高かった。60年代には左翼諸党派も伸長して、社会党系、共産党系のみならず新左翼党派を担う反戦派の組合員も増加していた。

全国の事業所数は、1975年には550万を超えている。労働現場の総数などを数えることは不可能だ。その広大な空間で、何がターニングポイントになっていたかを測ることはできない。ただ鉄鋼、自動車、電機など基幹産業での動きが、徐々に社会的に浸透していく過程とみなすことは可能ではないか。小集団活動も含めて生産性を向上させ、効率を重視していく。それは企業においてはひとまず当然の価値観である。働く者の意欲を引き出しつつ、緻密に管理するシステムであれば問題はない。ただ現実には、働く者に犠牲を強いる諸問題は噴出する。

その際に経営者との激突を辞さない戦闘的な労働組合ではなく、賃上げでは有効性を発揮できる労使協調型の労働組合が揺るぎない存在感を占めていくのは現実的である。左翼の政治闘争とは一線を画す。経営者との良好な関係をめざす大企業労組のスタンスである。戦闘的な活動家を孤立させる点でも、労使は協調しえたとみるべきであろう。

高度成長は春闘でのベースアップ（全社員の給与水準を基本給で一斉に引き上げる）も可能にした。基幹産業の動向は、社会的に常に注目されていく。勤労者も豊かさへと近づく実感を強めていた。企業との共存共栄で生活を向上させていくスタンスが、次第に浸透していく。

以上は超圧縮版としての解説である。実際には、一挙に変化が進んだわけではない。働く者の時間感覚も全く異なっている。20年先はまず見通せない。ただ巨大企業での労働運動の質的転換と企業社会の形成を重視して、日本社会の変化をとらえる視点は今も説得力を有している。その過程に75年の官公労のスト権ストの敗北も位置している。労働運動での潮目の変化を象徴しているのだ。

とはいえ、繰り返しになるが70年代後半以降も全国で争議件数は減っていない。腕章をした組員の姿を都市部の街頭で見ることは珍しくなかった。

一方で70年代後半以降に、ＩＭＦ・ＪＣ傘下の巨大労組の存在感はさらに増した。国労などの国鉄労働運動や官公労組合が強い存在感を持った総評も変えていく原動力となった。その潮流が後に連合結成への主導権をとる。それは政治レベルの動きとも連動していた。

戦後を疾走した労働運動家は無数にいる。その一人である宮田義二氏を若き日から意識している。鉄鋼労連委員長も務めて、連合結成に向けて奮闘した著名運動家である。敗戦直後の八幡製鉄所（当時）は、5万人近い職場なので75人も組合専従がいたという。この職場では組合側の攻勢が、圧倒的だった。宮田氏も職場での仕事はせず、組合活動に専念していた。敗戦直後の3年間は共産党員で、党の組合活動への干渉に反発して脱党した。だがマルクス主義、共産主義を学び続けて、共産党系と対峙した。後の新しい労働協約によって、会社側の主導権は回復されたが、その時点で組合とは何かを会得したのだという。

労働組合は政党ではない。宮田氏の主張は一貫しており、総評内での社会党員のフラクション活動（運動団体に党派的拠点をつくって影響力を高める）についても批判を持ち続けた。兄の早苗氏は民社党衆院議員であるが、自らは政党との距離感を意識し続けた。

80年代以降の臨調行革路線で、最も闘争力のある公務員や国鉄の労働組合への攻撃は強められた。階級的な労働運動の担い手は、後退をよぎなくされた。それを正邪の観点で裁くだけではなく、労使協調的な組合とその指導者の存在感を意識すべきと判断する。宮田氏のような辣腕の活動家の系譜を無視できない。

さて視野を世界へと広げていけば、労働組合の存在感が弱まったのは日本だけではない。欧米諸国でも80年代以降に労働組合運動や左翼の後退した国は多い。それに代わって、新たな潮流として、新自由主義などが伸長していく。80年代以降のサッチャー主義は象徴的だった。ヨーロッパでも左翼支持層は収縮する中で、移民を排斥する排外主義的な潮流は台頭する。ベルリンの壁の崩壊の前段階で、左翼の衰退は明らかであった。

日本では、巨大企業での労使協調体制は60年代末の時点で堅固になっていたと見なされよう。労働運動全体でも、その潮流が伸長したのは明らかである。より大事なポイントは、効率とコスト感覚を重視する価値観が、労働現場から社会全体へと徐々に浸透したことである。それは節約を美徳とする庶民感情とも響きあう。労働組合や公務員への敵愾心を募らせる人々も、それに呼応していくと見るべきだろう。

1975年のスト権スト敗北以後も、労働組合の存在感は失われた訳ではない。80年代に社会運動のピークが存在するという見方も、集会の参加者や署名数については根拠がある。だが社会の底流には、その動向への反発と無関心も存在していた。

労働組合運動の変貌については、大企業労組の存在感を注目すべきだ。それが社会全体に影響力を持っていくと見れば、以後の展開を説明しやすい。巨大企業の労働現場を知る人は、社会全体ではごく限られている。だが激しい企業間競争が国境を超えて強まる現実の下で、働く者の負荷を高めても企業を繁栄させていく価値観は、社会に浸透していったのだ。

ムダをなくす。コストカットを追求する。これらの価値観は、組合の存在しない職場も含めて、誰もが自覚しうる価値観だ。ただ利益・効率至上主義によって、無謀な人員削減をすべきではない。また民間企業の価値観を全社会で等しく求めるのは、無理筋なのである。

だが利益・効率至上主義を求めて、経営改革と組織改革を徹底するという問題意識を深化させて、労働現場は変容した。働く者も、その価値観を内面化させていくのである。

現在の日本社会の息苦しさを、どう見るべきか。かつての美点だった、ものづくり力の停滞はなぜ生み出されたのか。いずれも大テーマで、簡単には論じられない。90年代末からの新自由主義的な改革と、関連づける人は多い。ただその源は、日本的経営の全盛期だった60年代から80年代にも潜んでいたと見るべきではないだろうか。

池上・佐藤両氏の対談には、70年代に学生運動から労働運動へと焦点が移ったという指摘がある。筆者は以上の視点を踏まえているので、見方はやや異なっている。

『自動車絶望工場』で描けること

以上の論旨には、批判も提起されよう。資本家の抑圧と搾取を、もっと意識すべきという趣旨からである。鎌田慧氏の『自動車絶望工場』に学べと指摘する読者もいるだろう。

同書は1972年9月からの半年間、ベルトコンベアでトランスミッション（自動変速器）組立の仕事に従事したトヨタ自動車の季節工の労働現場を描いている。極限の緊張を強いられてケガ人も出る。一瞬も気を抜かずに、ロボットとして服従し続ける日常である。仕事や職場に批判的であれば監視され、抑圧されるのが世界を牽引する花形産業の現場である。

ただその視点と、学術研究でのアプローチは異なる。研究対象にする場合は、生産と経営はどう構想されてきたか。技術革新と組織改革の軌跡を総合的かつ徹底的に探究しなければならない。

巨大企業の生産現場を描く上で、ルポルタージュの方法は欠かせない。鎌田氏はこの主題に挑んだ代表格で、『自動車絶望工場』と八幡製鉄所を描いた『死に絶えた風景』が著名である。労働者の声を聞きとる。抑圧された人々の声や戦闘的活動家を描いている。

一方で、労働問題の研究者による調査にも注目すべきだ。自動車産業についても膨大な研究が存在するが、野村正實『トヨティズム』と日産自動車を解明した上井喜彦『労働組合の職場規制』は注目される。労使関係の内実と生産と管理のシステムを学術的に探究した仕事の代表格であろう。

同じ業界でも、企業ごとに組合の特質は異なる。両書では、職場闘争が企業の論理に包摂されていく必然性も解明されている。自動車労連や塩路委員長時代の日産労組に関わる指摘も貴重だ。

トヨタに限っても、無数の調査研究が長年とりくまれてきた。世界に冠たる企業は、日本資本主義分析にとって最重要の現場であるのだ。一つの企業をイメージする際には、ジャーナリストと研究者の仕事の双方から学ぶしかない。学術研究をふまえずに語ることは許されないのである。さらにどちらの著作にも登場しない、多くの従業員をも意識しておきたい。

左翼知識人は労働現場をどう論じたか

さて池上・佐藤両氏の対談には多くの社会主義理論家が登場している。党派ごとに影響力は異なっていても、左翼の労働運動家に影響を与えたことは疑いない。その一人、向坂逸郎氏は向坂学校で組合の担い手を数多く育て、三池闘争への貢献は著名である。不破哲三氏は大学卒業後に鉄鋼労連書記局に勤務したので、労働運動の経験を持っている。

この分野で威信を持っていた知識人として、対談にも清水慎三氏が登場している。筆者も40年前にその著作に学んだ。総評や鉄鋼労連、社会党にも関わって現場にも精通した第一人者である。

清水氏らがまとめた1958年の総評「組織綱領草案」は、きわめて重要な問題提起だった。企業別組合である単組が弱いままであれば、産業別統一闘争は推進できない。清水氏は、職場闘争を基軸にした〈組織づくり〉の中に労働組合の可能性を見出す。炭労（日本炭鉱労働組合）の三池炭鉱労組などでの経験を基にして、労働運動の前進を展望した。

清水氏は、企業別組合をリアルに認識していた。丸ごと労働組合とは見なさないのだ。「労資が組合員を争奪しあう場」として把握し、自由に話し合える職場、みんなでたたかい交渉する職場闘争をイメージしていた。日本資本主義の搾取機構の深部に触れる闘いとして、職場闘争を位置づける。そこから、労働運動の前進と社会主義への道を模索していた。

だがこの問題意識は、太田薫議長ら当時の総評首脳には顧みられなかった。三池闘争の敗北で風向きは変わる。同盟が結成され、総評傘下の鉄鋼労連の存在感は大きくなっていく。

それでは、もし清水氏らの問題提起に総評首脳が賛同するならば、企業別組合の劇的な前進と産業別闘争の飛躍はもたらされただろうか。容易ではなかったと推測する。

1つには、清水氏個人は未組織労働者を意識したが、労働運動総体では大企業の男性正社員への関心が強かった。組合がすべての働く者を視野に収めていた訳ではない。

第2に、経営者が黙っていない。搾取を根底から批判する闘いが劇的に進むならば、経営者としての面目は丸つぶれだ。したたかな管理を強め、時には戦闘的活動家を抑圧し、優秀な組合幹部を続々と職制に登用し、仕事上で著しい難がある組合活動家を退職に追い込むはずだ。この攻防で、常に経営者側は有利である。


筆者の世代、80年代の新入社員では、労働組合の存在感はさして感じられない職場も多かったはずだ。四半世紀前との比較では多くの職場で働く者の意識も変化しつつあった。

それは、前記したような経営者のしたたかな管理が、この間に進んでいた現実の反映でもある。さらにいえば、労働組合を維持する難しさを示しているともいえる。

組合員は、定年退職で組合を脱退する。産業構造の変化や企業の存廃、非正規従業員の増加によって組合員数はすぐに減少する。1960年の三池争議を闘った総評の中軸組合である炭労も、炭鉱閉山の波が強まる中で2004年に解散した。失対労働者の全日自労（全日本自由労働組合）も、今や全日本建設交通一般労組の中に吸収されている。

労組を弱体化させることは、経営者にとって決して難題ではない。経営危機を口実にして人員整理や出向・配転で担い手を弱体化させる。または会社幹部へと抜擢する道もある。

企業別組合で賃上げや各種制度を実現しても、他社では容易に実現できない。さらに企業内では、異議申し立てと同時に改革への知恵も試される。企業の論理に従うしかない局面もある。組合幹部が職制を経て役員に就任するライフコースも、ごく当たり前の道である。

さらに、労働組合の組織体質にも弱点はある。多数の結束で、個人を抑圧してしまう危険性である。佐藤氏は別の著書で、炭労による創価学会の排斥に言及している。機関決定によって選挙での社会党支持を組合員に押しつけ、それに造反した創価学会信者を除名しようとした。一枚岩になるのは労組らしい行動様式だが、この事例などは乱暴きわまりない。

「昔陸軍、今総評」という言葉を、労組の輝きとして受けとめた人もいるが、その強圧的な姿勢への反発を持つ人もまた少なくなかった。「強圧的」といえば語弊はあろう。労働組合にとって不可欠な資質でもあった。要求貫徹のために一丸となる団結力と闘争心がなければ、賃上げなども獲得できない。敢えて、その役割を演じ続ける必要もあったのである。

ちなみに、ユニオンショップでは、執行部と組合員との矛盾は高まりやすい。その昔は、組合員資格を失えば問答無用で解雇される、と見なされていた。現在の判例では、個人の尊厳を冒す労働組合至上主義を許容していないのは当然だろう。

さて以上を見ても、戦後の労働組合とは必ずしも順風満帆ではなかった。労働組合の維持も、その存在感を高めることも容易ではないと自覚する。組合執行部によっては、組合員の要求に真摯に向き合わない場合もありうる。ただ総体としては、職場に組合がないよりは、ある方が良いと見なすのは当然であろう。

現在では、別の視点を強めることが求められている。メンタル疾患での休職者と疾病とストレス、過労死についての認識も30年前よりもはるかに深まっている。更年期障害も注目されている。入社から定年まで、健康を維持するのは至難なのである。健康を損なえば勤労意欲を高められず、団結からも身を遠ざけたくなる。職場の群像を見つめる際には、一人ひとりがきわめて傷つきやすく、健康を損ねやすい点を自覚しなければ始まらない。

マルクス主義は労働者を解放する理論か

別の主題に移りたい。マルクス主義は、労働者を解放する理論としての有効性を持っていたのか。何を今さらと感じる人も多いだろうが、敢えて問い直してみたい。

もちろん歴史と状況を意識すべきである。まずマルクスの視点は、直接的には19世紀英国の資本主義との格闘である。経済学批判も気宇壮大さと鋭さを持っていたから、学問史において位置付けられていく。壮絶な知的探究と批判力にも感服する。ただ階級闘争を担う変革主体とは、当時の市民社会の外に存在したプロレタリアートだった。闘わなければ、自らを解放できない存在に未来を託した。現在では、そのことの意味を冷静に考察できよう。ただその時点での判断に無理があるのだと、今さらマルクスを痛罵しても仕方ないのである。

レーニンとロシア革命の評価も困りものである。マルクス・レーニン主義は、スターリンの独裁と直結しており、今や評価に値しない。レーニンは、労働組合論も提起し、労農同盟という変革主体を構想した。後進国ロシアで革命を実現した。ところがその10月革命とは、立憲主義と民主主義を破壊した上での「革命」であり、現在ではクーデターとみなす説が学界でも多数になりつつある。ただそれを後押ししたのは、パンと平和を求める民衆であった。

20世紀末までに、レーニンのもう1つの顔がより鮮明になった。その指令によって、多くの粛清が行われたことは新史料でさらに跡づけられ、レーニン像の修正は余儀なくされていく。レーニン存命中とスターリン体制との間の著しいギャップを強調する説は、影響力を弱めつつある。ただ凡庸の対極にある人だけに、野心的なアプローチでその挑戦を解読する知的探究は続いている。

1世紀前には、ロシア革命は世界史を動かしていた。社会主義国家の誕生は、資本主義国をも刺激した。労働者の権利を尊重せねばならないという認識は、ILOなどの創設にも影響を与えた。社会主義は資本主義国の自己変革にも、影響を与えていたのである。

ただ革命後の国際共産主義運動には、当初から問題がはらまれていた。その指導的組織であるコミンテルン加入の際の「21ヵ条の加入条件」には、改良派組合や中間派幹部の放逐、共産主義の優位性を誇示するという問題点が示されている。これによって、運動の分裂はもたらされた。社会民主主義者への容赦ない批判、共産主義の独善性の源は示されている。だがこの基本資料を精読する人は少なく、1世紀前からの欠陥はさして意識されていない。

それに対して、誰もが意識したのは、『共産党宣言』の「万国の労働者団結せよ」だ。変革主体としての労働者階級を一言で押し出せる、秀逸なコピーだ。虐げられた者も、闘えば解放される。国境を超えて人民を解放する理想として、覚醒した活動家は夢を現実にしようと日夜奔走する。

除夜の鐘とは百八煩悩を除去するものだが、わが国の左翼活動家はその解釈を取らない。資本主義の終わりを告げる「晩鐘」として、新年から闘いの炎を燃やしていく。そう戯画化したくなるほどの、熱気を帯びた変革主体が存在する時代もあった。

この半世紀で、状況は激変した。世界中から共産党が激減したのは象徴的である。日本には共産党が存続していても、社会主義を待望する国民は皆無に近い。先述したように、労働組合の存在感さえ弱まっている。労働組合だけが労働者の生活を向上させ、その権利を拡大していくという説は一面的であると、今や多くの人が気づいているのだろう。

マルクス主義や社会主義の凋落は、労働運動の現場で歴然としている。1つには世代間の格差も大きい。半世紀前ならば、空襲と敗戦と焼け野原を自ら体験した世代が、労働運動の担い手の中に分厚く存在していた。その世代は、マルクス主義や社会主義がしばし輝いて見えた時代の申し子である。だが半世紀後の世代における思想的な関心はかなり異なっている。

階級闘争史観、すなわち資本家対労働者の階級対立が歴史の推進力になるという視点は、長らく影響力を失墜させてきた。状況認識は、むしろリアルになってきたのであろう。

グローバルな企業間競争を始めとして、時の経済情勢で職場の状況は変化する。産業ごとに独自の難題も数多い。もちろん労働組合があれば良いが、たとえなくても、働く者を尊重する方向に労働行政が進めば、現実は一歩ずつ改善されていく。卓越した社会主義理論家のご高説に関心を持っていた時代とは、まるで問題意識が異なっている。

マルクス主義という大じかけの理論だけで、社会を一挙に変革できるはずはない。1つの思想で労働者の解放を展望するのは危うい。その点で、冷厳な認識を持つのは当然である。もちろんマルクスの思想をすべて葬送する必要はないが、礼賛できないと自覚する。

最も核心的な問いかけは、20世紀資本主義の変容をマルクス主義派はどうとらえてきたかである。テーラー・システム（労働者の能率を向上させる科学的管理法）やフォーディズム（フォードでの経営管理方式。分業とコンベヤーでの移動組立）などの大量生産方式は、新たな資本主義を生み出した。戦後世界で混合経済体制は進み、ヨーロッパでは福祉国家への模索と社会民主主義の存在感も大きい。欧米での労働組合は、日本とは異なる強靭さと歴史的背景を持っていた。

これらは、20世紀論としてごく基本的な事項である。だが社会変革や政治革新を訴える人びとは、資本主義の新たな変容と緻密な労働者管理によって働く者の意識が変貌してきたことを解明し、新たな問題提起をなしえただろうか。もちろん、経済学でも宇野派的なアプローチは存在する。獄中でのグラムシの洞察に、今も注目すべきである。現代の多くの知性がこの巨大なテーマに対峙してきたことも承知している。ただそれが現実を動かしえたか。多くの人に理解されたかは、別問題であろう。

組合活動家の主要な問題関心は、自らの職場に向けられる。視野の狭い人もいる。世界資本主義論や戦後日本の労働社会の総体には、精通していない。結果としてそれらの解明は、知識人に要請される課題である。この分野で秀でた研究者は多いので、おびただしい著作が生み出された。だが学界内での著作は、学問史での創見をめざしている。一般読者にはまず理解が困難であろう。

その点で、熊沢誠氏の精力的な仕事も知られている。より平明な一冊として、労働組合の再生という主題に挑んだ『労働組合をつくりかえる』は、記憶に鮮やかである。これならば多くの一般組合員が読める。同書で高橋祐吉氏は、企業のCI戦略に学ぶ。労働組合のペレストロイカなど斬新な提言もしている。ただ刊行の1988年には、労働運動の大枠がほぼ定まっていた。

一方で、マルクス主義もこの時期に変貌していた。松尾匡《ただす》氏の解説を借りれば、昔のマルクス主義とは階級第一主義で、性別や民族や国などのアイデンティティに基づくグループ間の対立を二の次に考えていた。資本家に対する労働者階級の闘いで、歴史は前進するという楽観的な視点であった。80年代以降の知的な学生は、階級闘争的な視点への共感を弱めていく。

この文脈から、1989年の秋にベルリンの壁が崩壊したことと、新たなナショナルセンターとして連合が誕生した背景に光をあてることができる。国鉄闘争の高揚を含めて、多くの運動はさかんだった。連合に行かない、行けない単産の存在も重要である。ただ力関係の劣勢は歴然だった。

日常と社会変革との隔たり

以上の文脈を、1989年にすべて理解できるはずもない。自らの職場を固めてというのが、ごく普通の感覚である。しかも日本社会での労働組合の空間とは、ごく部分的な存在にすぎない。

この社会とは、無数の空間の集合体と見なければならない。全社会で一挙に同じ変化が進行するはずがない。農山漁村には都市と異なる独自の空間がある。地方の自治体においても、実に多様な課題と向き合っている。都市部にも地域の独自性はあり、専業主婦層や高齢者、子どもたちにも一人ひとりの条件と選択とがあるのだ。

地域に根づく。その意義を頭では理解していても、居住地の小学校区単位でさえイメージできない勤め人は多い。マンション内の居住者をすべて知る人は稀だ。こうして、日本社会は存在している。その醒めた認識を持たないと、この社会を語ることにはなるまい。

個人がイメージできる社会とは、とりあえず日常の空間である。それを自覚するならば、労働組合の運動で社会変革が進むかのような期待は、限りない楽天性どころか大いなる危うさを秘めていた。庶民の日常は日々の仕事と生活に追われ続けて、忙しい。特別の局面でなければ、ダイナミックな社会の変化をリアルタイムで実感できない。政治や社会は、自分たちには縁遠い世界とみなす人も多い。だからこそ、劇的な変化が発生しないともいえよう。

かつての学生運動は、異次元の急進性を持ちうる空間として存在しえた。個人として日常から飛翔しうる回路を模索した人は無数にいる。ただ学生運動の急進化は、限られた時期と空間にとどまっており、70年代後半以降は鎮静化した。

それは高度成長が実現され、平和な世の中での安定志向が強まった反映でもある。オイルショック後には秩序感覚も強まって、80年代には中流意識が強まったという社会の変動が見逃せない。

同時にその時点での社会のゆとりは、各種文化活動や市民活動をさらに活性化させ、社会運動も活発化させたのである。だが労働組合運動は、敗戦直後のような激烈なエネルギーには至らず、ビッグユニオン中心の連合を中心にして、新たに再編成されていくのは自然な流れだった。

その時点での日本社会の豊かさを、肯定する立場も批判する立場もありうる。豊かなのは企業であって、個人ではないとの批判も強かった。ただ現時点よりも当時の日本社会には勢いが感じられたことは、衆目の一致する点であろう。

21世紀に状況は変わる。昔の階級論など忘れ去られていた時代に、規制緩和や新自由主義の大波で、非正規雇用者は激増した。ワーキングプアも社会問題化した。貧困は時代のキーワードとして再浮上した。『蟹工船』ブームとともに、階級論の復権まで叫ばれた。

ただ、新自由主義的改革をさらに進めた小泉政権の支持率はきわめて高かった。新自由主義批判を前面に押し出して、政権批判を試みた層は限られている。それでも社会問題が発生すれば、それを機にして覚醒する人びとは健在である。政権批判、社会批判を共有する共鳴板は、戦後一度たりともこの社会から消えていない。

現時点では、その業界と職場の固有の条件が働く者の生活を規定しているとみなす人が圧倒的である。むしろ、戦後長らくは労働組合への期待が過剰だったとみなすのが、順当だと思える。

そのような文脈において、今もなおマルクス主義の知的権威は、この社会で存在感を持っている。斎藤幸平氏の『人新世の資本論』は気候危機の時代にマルクスを斬新な視点で解明しており、ベストセラーとなった。その思想に関心を持つ市民ならば、ぶ厚く存在する。ただ世界のマルクス研究の最前線を担う斎藤氏であっても、巨大企業の職場に変革主体を生み出すような特効薬は見出せまい。

かようにマルクス主義は、現実を変える処方箋にはならない。労働の世界におけるその有効性と限界について克明に検証した野原光氏の論考は、刺激的であり説得力を感じた。

マルクス経済学の弱点として、企業改革論の不在を森岡孝二氏も指摘している。ただ過労死根絶への森岡氏の壮絶なる貢献が示すように、マルクス主義とはラディカルな批判精神と一体である。多忙な人は、『資本論』を読破できないゆえにあのテーゼに立ち返る。

「これまでの哲学者たちは世界を解釈してきたに過ぎない。肝心なことは世界を変革することだ」。理不尽な現実に屈服しない。その決意で身近な場での第一歩を始めることになる。

その文脈において、佐藤氏と池上氏のようにマルクス経済学を学び、『資本論』を精読した人がこの社会にいるのは重要である。資本主義美化論や貨幣への物神崇拝を拒める主体になりうる。

左翼は、自らの労働組合論をどう総括しているのか。職場は社会変革の砦だ。労働組合こそ社会変革の最前線に立つという主張は、願望が先走っていた。政権批判を第一義に考えて、仲間たちを鼓舞しようと激しくアジった人もいるだろう。その総括を求めても、相手が自己肯定感の強すぎる人であれば、内実ある討論に発展する保証はない。

現時点では、以下の視点に注目すべきである。

ヨーロッパでは、企業を超えた労働組合と企業内での従業員代表制（事業所委員会など）が存在している。両者が機能することで、労働者は発言権を強めてきた。日本でも、労使関係の枠組みをより良く変えるための努力は求められていたはずである。その点を解明すべきだ。

しかし長らく社会変革を訴えてきた活動家も、一定の前進を勝ち取ってきたといえる。思想・信条による賃金差別は違法と提訴して、多くの勝訴を勝ち取った。ILOなどの存在感によって、日本国内の労使紛争を解決する道も開拓されてきた。労働問題に限らず、国際的な人権基準から日本社会の人権状況にメスを入れる努力は、今や普遍性を持っている。多くの市民運動や日本弁護士連合会でも、その努力を続けている。

さて以上の考察において、2点の欠落を意識している。まず第1点は、労働組合を考察するならば、労働組合の原点と思想も学ぶべきだが、それは左翼思想などではない。日本社会の情勢や社会変革の可能性という視点だけを強調すれば、大事な主題を見落としてしまう。濱口桂一郎・海老原嗣生『働き方改革の世界史』から、世界の労使関係の多様な型について多くのことを学べる。

第2に、戦後史の探索は必須である。若き日に戦前・戦後の労働組合の資料も探索し、学界の動向も承知していた筆者としては、このアプローチになる。ただ現在はその延長だけでは語れない局面でもある。学生時代に起業し、寵児となる人も少なくない。また企業現場の担い手は、山口周氏のような気鋭の論客の影響を受けても、戦後の労働社会論や労働組合運動などは全く意識しない。筆者の考察などは、昭和オヤジの戯れ言と侮蔑されるだろう。ただノンプロとしては、言われるに任せるしかない。開き直って、左翼を問うスタンスに戻っていこう。

かつて山田盛太郎氏が語ったという展望は、やはり夢物語だった。だが世直しの試みは、今後も継続されていく。巨大企業における労働運動の劇的な高揚は、考えにくい。だがSNS上での発信は可能だ。退職後の発言と行動を禁じることはできない。

この半世紀、旧来のマルクス主義の社会変革像を刷新する膨大な著作が刊行されている。ジョン・ホロウェイ『権力を取らずに世界を変える』、アルベルト・メルッチ『現代を生きる遊牧民』、アントニオ・ネグリとマイケル・ハートの『マルチチュード』上・下なども一例である。

されど、男女の生涯賃金の巨大な格差や過労死・過労自殺、人間を消耗品として扱う企業風土は、日本社会に厳然として存在する。今こそ大幅賃金値上げが求められている。これらは新たな社会変革の思想が、解決してくれる訳ではない。現実を変える知恵を見つけていきたい。

模範的な労働組合の理想と葛藤

長らく岩波書店に勤務していた。創業者の岩波茂雄は傑出した出版人で、滝川事件や日中戦争にも批判を貫き通した。学術書を基礎にした総合出版社として、創業以来の出版活動は注目されてきた。だがこの社の労使関係が、世間の注目を集めることは希である。

入社直後からユニークな労使関係なので強い驚きを持った。一言でいえば、敗戦直後の労働組合が生きていた。吉野源三郎氏が初代委員長として理想的な労使関係をめざした。戦後一貫して性差別も学歴差別も皆無の賃金体系で、労使は民主主義社会を実現するパートナーである。経営協議会の存在によって、組合を無視した経営者の独断専行はありえない。恵まれた職場でもあったことを実感する。

理想的な労使関係で、注目したいのは賃金である。生活給重視の敗戦直後からの賃金制度は、勤続年数と扶養家族数を重視した。残業手当は存在しない。組合内部でも賃金については多様な声があり、改革案はまとめられず、労使間で合意できない点もあった。賃金水準も労働条件も恵まれていた中で、当初の賃金制度の骨格は21世紀初めまで維持された。

本作りの仕事は、自己実現の側面も持っている。夜中まで働く人も多いが、残業手当を求める声など、長らく皆無に近かった。優れた出版物を刊行すれば、社は発展するとみなされていた。だが90年代初めの時点で、予算達成のための過密労働が続けば、企画活動はいずれ沈滞化することは十分に予測できた。しかし、その認識は全社では共有できない。学術や書物などへの関心も個人差が甚だしいのだ。成功体験の大きさで、かえって改革に立ち遅れた組織体だったとみなせる。

時期は大きく溯るが、１９７６年に吉野源三郎氏は「組合結成三十年に寄せて」の論考で、後輩たちに提起している。現代の労働者は変貌している。失うものは鉄鎖のみではない。現局面を深く洞察せずに、従来どおり「インターナショナル」を歌うべきではないという緊迫感ある提起だった。約１万２０００字の長編で、「インターナショナル」の評価も興味深い。氏の畏友の古在由重氏が、ほぼ同時期にこの歌を讃えるエッセイを書いていたのとは対照的であった。

素朴な階級闘争主義で現代資本主義は変革できない。敏感な知識人は当然それを自覚しており、吉野氏の創見などとはいえない。ただ戦前からのマルクス派である氏は、晩年に青春期の理想を深く問い直していたと推察する。それは労働組合の問題意識とは食い違っていた。インフレ下で物価スライド制の賃金は上昇し、この時期も組合の結束と躍動感は大いに高まっていたとみられる。

吉野氏の提起は、組合員の意識改革を求めるなどという矮小なレベルではない。現代資本主義と日本社会の根底を問い直していた。ただ１９７６年とは、同社の書籍を愛読する若者世代が激減するという危機感もまだ強くない端境期だった。その点でタイムラグは存在していた。

吉野氏の問題提起から21年ほど後に、創業者の次男の岩波雄二郎会長に問いかけられたことがある。著者への挨拶に同道した際に、『世界』の特集「〈生きにくさ〉という問題」（１９９７年3月号）のタイトルが自分には全く理解できない、と疑義を述べるのだった。経済的にも豊かで平和なこの社会で、なぜ生きにくいのか。なぜこの特集なのかという疑問だった。

その迫力に思わずたじろいだが、現在のキーワードではないか、と何とか答えた。氏が空襲や飢餓に直面していた時代から、97年時点で半世紀の歳月が流れていた。貪欲な好奇心を持つ氏にも、理解の及ばぬことはあったのだ。氏の世代と価値観と感受性の異なる社員も増えていた。

ともあれ吉野氏も岩波氏も、働く者の意識に注目していたのは興味深い。社会の激変は、若い世代が加速させる。97年から四半世紀経った現時点では、さらに異なっていよう。

それはさておき、社会への批判精神を堅持する同社の出版活動を冷静に検証しておきたい。経営学・労使関係・労務管理などに関わる分野は、学術書も意外に手薄で、サラリーマンの好むビジネス書はほとんど刊行しない。労働組合、労働問題も新書を別にすれば、生々しいテーマだけに位置付けにくい。『世界』は、戦後初期から資本主義の変貌には注目したが、長らく会社論や基幹産業の労働現場への関心は強くなかった。この分野に関心を持つ読者は経済に強い版元の本を読むか、『月刊労働問題』（日本評論社）などで知見を広めたはずだ。とはいえ『世界』のかつての輝きや、労働分野での良書も少なくない点は確認しておきたい。

出版不況の深刻化の中で、同社の将来も不透明になった。模範的な労働組合は結成時からの理想を守り続けたが、21世紀には活動力をやや弱めた。争議支援や反核平和運動に学生時代から出会っている者として、社内の組合活動での感動的な体験などは皆無である。

ただ労働組合とは、職と食を守ることが至上命題だ。組合活動で感動しなかったというのは、入社時から恵まれた職場だったことを意味している。この組合を礼賛する立場ではないが、労使の強い信頼関係で、誰一人切り捨てない職場を実現してきたのは見事である。ただそれは、編集者などに長時間労働を強いるシステムとしても機能していた。ただ当事者も社会的な意義と責任を自覚しているので、「わたし、定時で帰ります。」とはいわない。帰っても良いけれど、自宅で深夜まで無償の長時間労働を続ける日々は続くのだった。

筆名・中野慶で上梓した『小説　岩波書店取材日記』は、同社の労使関係を20代の女性コンサルタントが、２０１５年に探索した物語である。早期退職から半年後の時点でのストーリーを着想してみた。同社と同社労働組合の存在意義がますます高まることを願っている。

【三冊との対話】

1960年代末までの労働現場での攻防を、池上・佐藤両氏は強く意識していない。70年代以降に、労働運動の時代が始まるかのような趣旨にいささか驚かされたが、スト権ストの時点での組合の存在感の強さは、現時点でふまえておくべきと納得した。

本章では、資本の優位性と労働組合弱体化の要因について考察してみた。職場と労働組合の推移とともに、マルクス主義の有効性は問われる。労働組合と左翼運動の高揚期は、高度成長期とほぼ重なる点にも注目したい。日本礼賛論が世界で広がったのは、その余波が残る80年代末である。これらをどう見るかについて、両氏により語ってほしかったと思う。

今や、労働組合と無縁の勤労者が多数派である。職場に労働組合をつくろうという志向は、少数派である。この現実をどう突破できるか。とはいえ社会の民主化の上で、労組の役割は否定できない。かつては女性アナウンサー25歳定年、スチュワーデス30歳定年の企業も存在したのだ。現在ではハラスメントを含めて、半世紀前よりも大きく改善されている主題もある。

その上で、ジェンダー不平等を始めとして、憲法の理想が労働の現場で実現できていない深刻な現実に向き合う必要性を自覚する。

第4章　されど左翼は大敗北ではない?!

金太郎飴への注目で、左翼を再定義する

池上氏・佐藤両氏は戦後左翼の誤りを列挙し、社会運動の暴力性とその思想的根拠を指摘する。それらをすべて事実無根などとはいえない。ただ本章では、その見方とは異なるアプローチを模索してみたい。無謀ではあるが、左翼は敗者にあらずとのテーゼを掲げよう。でも左翼の後退は明らかなので、その語り方を再点検するしかない。

左翼とは曖昧な概念である。政権に批判的なだけで、そう見なされる場合もある。本音をいえば、その語感にあまり好ましさを感じない。社会変革派の方がまだしっくりくる。

それはさておき、左翼とは革命を待望する価値観だけではない。それと明確に一線を画して民主・平和を希求する人も多い。双方の価値観を備えた人も多い。理念重視派と現実尊重派。論理優

先派と感性至上主義派。個性もさまざまだ。革命をマルクス主義、民主を人道主義（ヒューマニズム）と規定するのも可能だ。

分岐する価値観に注目して、イメージを模索してみた。古代ローマの神ヤヌスはどうか。戸口の守り神で、すべての行動を司る。2つの異質な側面を持つ点で戦後左翼と共通している。ヤヌスの2つの神は、互いに相手を深く洞察しているという。

ギリシア神話のキメラも興味深い。ライオンの頭、ヤギの胴体、ヘビの尾を持つ怪物である。左翼の多面性と矛盾を表現するモデルだが、山室信一氏の名著『キメラ――満洲国の肖像』のパクリだと思われるのは必至である。喩えに用いることは断念した。

もっと平明なイメージとして、ついに金太郎飴にたどりついた。熱心な活動家は多くの活動に参加する。どこを切っても同じ顔の「金太郎飴」と称される。社会運動での自嘲に近い語感を再確認するのではなく、新たな解釈を模索してみたい。

実物を確認してみた。切り口は常に同じ顔だ。2つの顔のヤヌスとは対照的である。だが彩色は多様である。注目すべきは砂糖と水飴を原料にしている点だ。これを革命と平和・民主の価値観にたとえてみてはどうか。ちなみに砂糖と水飴とは中核派と革マル派のように敵対する間柄ではなく、渾然一体となっている。なめてもその違いなどはわかるはずもない。蔗糖と麦芽糖という、異質な甘みの融合こそがポイントである。

もしかして、金太郎も内面は揺れ動いているかもしれぬ。冗談はさておき、古代からの歴史を持つ飴の一種で、明治以来の歴史を持つ金太郎飴に注目して左翼の再定義を試みよう。

ロシア革命から1世紀余、ウクライナ戦争で世界はさらに変容している。金太郎飴での砂糖と水飴の比率は厳密であるが、左翼の価値観ならば現時点で見直すことはできる。

戦後日本とはすさまじい矛盾

左翼の複雑さは、20世紀論の難しさと関わっている。まず20世紀論を整理しよう。戦争と革命の世紀、ナショナリズムの世紀、アメリカの世紀などの議論がある。英国の歴史家ホブズボームは、社会主義への夢が開花して頓挫した「短い20世紀」ととらえる。植民地支配の崩壊を重視する20世紀論も、説得力を持っている。これらの激流は日本社会を変えた。戦後日本というレジーム（枠組み）にも深く関わっている。

1945年、日本を占領した連合国軍総司令部の中心は、アメリカである。国際的な戦後レジームを担った同国をどう見るか。軍国主義日本を倒すために、全国の都市を焼き払い、広島・長崎では人体実験に等しい原爆投下を行った。無辜《むこ》の民を虐殺した蛮行の当事者である。

だが植民地支配と中国での侵略戦争を進めて、アジア太平洋へと戦場を拡大し、無数の民衆を殺戮した大日本帝国を擁護できるはずはない。降伏の遅れで国内の犠牲も大きくなった。

ソ連も連合国である。ナチスドイツに勝利した事実は重いが、ソ連社会は人権抑圧と非人道行為の極致である。シベリア抑留や旧満州での暴行や略奪など、日本人の被害も大きい。しかし巨大な矛盾を抱えた米ソら連合国主導の戦後体制は、国連と国連憲章も含めて現在に至っている。それを全否定することはありえない。

侵略戦争の当事者である日本を、どう転換させるか。連合国によるアプローチは未曽有の実験だった。抑圧や被害も深刻だったのだが、大局的には成功した。

GHQ主導による占領改革の以前から、米軍は沖縄を軍事力で制圧していた。天皇を中心にした専制国家の政体を転換する荒療治を、一挙に進めた。昭和天皇を訴追せよとの国際社会の批判を斥けて、象徴天皇制へと転換させた。天皇の戦争責任を免責する際に、二度と侵略国になれないように憲法9条で軍事力を剥奪することを何よりも優先した。

パリ不戦条約の延長線にある戦争放棄（1項）、さらに戦力の不保持（2項）で構成される9条において、2項はより重要である。国連憲章制定後の原爆による惨禍も影響している。

日本側の主体的な努力も見逃せない。独自の憲法構想を示した高野岩三郎・鈴木安蔵両氏らの憲法研究会、9条に平和の二文字を書きこんだ鈴木義男議員、25条の国民の生存権を発案した森戸辰男議員の貢献もある。9条の発案者はマッカーサーではなく、幣原喜重郎首相との説も長らく存在している。

占領軍の強固な意志と、それに呼応する日本側の主体性の双方を重視すべきだ。戦後改革をより積極的に推進した左翼は、日本社会党である。新憲法制定に反対した日本共産党の論拠は、国家の自衛権が剥奪される点や天皇条項への批判である。だが新憲法に規定された人権条項は、戦前の同党が主張した内容とも重なっている。

庶民が新憲法を歓迎したことは決定的だといえる。その一方で、沖縄は庶民の視野の外にあった。非軍事と民主化の占領方針が適用されずに、米軍の占領下に置かれた。新憲法の誕生と沖縄の軍事要塞化とは一体である点は、古関彰一・豊下楢彦両氏の著書にも示されている。沖縄の苦難を無視して、戦後日本を讃えることはできない。

非軍事と民主化を基調としていた占領政策は、1948年から転換していく。冷戦開始という新たな枠組みの下で、戦後日本のレジームは修正されていく。

歳月の中で、人びとの立ち位置は変化する。9条に平和を書き込んだ鈴木義男氏と25条の生みの親の森戸辰男氏は、護憲派市民にさして意識されてこなかった。両氏は後に社会党から民社党へと転じた。森戸氏の場合は、中央教育審議会会長として左派から批判されたが、憲法制定時の足跡は消えるものではない。

戦後レジームの変化と左翼の分岐

占領政策の転換によって、レッドパージが強行されていく。1950年6月の朝鮮戦争の開戦は決定的だった。国連軍としてアメリカは参戦し、後方基地として日本は朝鮮戦争に加担することで、復興を本格化させていく。再軍備は警察予備隊の設置として始まり、日本国憲法の平和主義は蹂躙された。

左翼は分岐していた。国際共産主義運動の一翼として、日本共産党は51年末から武力闘争を開始した。アメリカに抵抗する立場に立った唯一の政治勢力ともいえる。だが治安の危機が喧伝されて、この党は急速に影響力を失う。社会党が平和を願う庶民の信頼を集めるという構図になった。

戦後レジームは1951年の時点で、講和条約と日米安保条約をその根幹に組み込んだ。したがって日本国憲法と日米安保条約との対立を、戦後日本の焦点とみなす人々も多い。とはいえ、政府解釈はそれと異なる。再軍備・日米安保体制の存在をふまえて、専守防衛は合憲という見解である。米軍基地もその論理で説明していく。

現在では、憲法と安保体制を対立概念と見る人は激減している。憲法・安保体制として補い合っているとの認識が説得力を持つ。世論の大半は憲法も安保条約も支持してきたのだ。

戦後の平和主義への視点もその立場ごとに異なっている。外務省はヒロシマ・ナガサキを語りながら、本音では非核三原則をあざ笑い、米国の核の傘の下にいる現状を重視する。その「論理」から政府は核兵器禁止条約に賛成していない。

戦後レジームの定義とは、人さまざまだ。安倍晋三氏の「戦後レジームからの脱却」とはまずは憲法・教育基本法を想定していた。それとは対照的に、左派市民は日米軍事同盟や沖縄の存在を意識する。

左翼と左派市民の憲法認識も実は多様である。かつては、反天皇制の立場から象徴天皇制を批判し、護憲派とは一線を画す立場も少なくなかった。かように憲法認識も時代の産物である。新憲法を全面的に擁護した社会党内でも、社会主義への過剰な期待から、ブルジョア民主主義の憲法として、日本国憲法を軽んじる潮流がその昔は存在した。最初から誰もが立憲主義を理解していたわけではない。今では護憲の党に転じた共産党は、長らく憲法改悪反対という立場、憲法の平和的民主的条項を守るとのスタンスだった。安全保障政策も、かつては社会党の非武装中立を批判して中立自衛を掲げていた。

庶民の戦後レジームへのスタンスも、時代に流されていく。いやレジームなどという言葉を知らず、それを意識しない人こそ多い。理屈ではなく生活実感を優先している。敗戦後に空襲の恐怖から解放された。飢えに直面して、住まいも粗末だった日々を経て、経済大国への急成長を実感できた。それを戦後体験とみなす人は多い、三種の神器やマイカーと出会えた喜びを、後の世代では実感しにくい。左翼を支えた人々も豊かさを肯定する。

戦後社会を、支配権力と左翼党派との対抗という視点からのみ見つめれば、歴史像はかなり歪んでしまう。生活空間への注目は欠かせない。農地改革で地主制は解体されても、共同体の絆は弱まらずボス支配は崩れていない。男女平等の価値観もすぐに定着しなかった。

それでも戦後を肯定し、平和を願うのが庶民である。左翼を認めない人びとは、リーダー層を含めて膨大に存在する。戦前の価値観を継承する復古主義派や自主憲法制定派も少なくなかった。あらゆる現場で同調圧力は強いので、変革の試みは必要だった。

民主主義の理念を学び、生活空間を新たな場へと変えていく。それも戦後日本の巨大な課題だった。その担い手には多くの左翼活動家も存在している。両氏の対談にその種の話題は登場しない。巧みに刺激的なトピックを選んでいて興味深いが、尖鋭な運動と理論家を重視しているのだ。

たとえば現場の教師や保育園・公民館・図書館などを含めて、教育や文化に関わる担い手でも良い。または住民の命と健康を守ってきた医療・福祉関係者、公害に反対し環境の保全を求め続けた人びと、憲法を武器にして多くの意義申し立てをした市民と法律家でも良い。

これらの存在に注目すれば、自壊していく急進的学生運動とは異なる空間を浮き彫りにできる。これらの民主主義を求めた担い手には、左翼的な志向を持つ人も無数に存在している。

女性差別に抗い続けた人に、光を当てたい。さらに女性も含めて、社会の理不尽に対して長らく沈黙せざるをえなかった人たちの苦渋を受けとめるべきだろう。そうすれば、三冊のスタンスとは一味も二味も異なっていく。だが佐藤氏の個性は発揮されにくいだろうか。

左翼政権を実現させなかった憲法9条

今では忘れ去られているが、敗戦直後の片山内閣は社会党政権だった。それ以後、村山自社連立政権はあるが、社会党単独政権や左翼政権誕生の可能性は皆無だった。その重さを自覚する。歴史にイフはありえないが、無理にそれを設定するなら、高度経済成長の破綻によって庶民が窮乏に直面した事態しかない。もう1つは、9条改憲でベトナム戦争に派兵して、自衛隊員が大量に戦死する局面だろう。政府はそのいずれも回避する道を選んだ。

曲がりなりにも平和な社会での経済発展は、自民党政権の長期化に根拠を与えた。改憲と軍事大国への道を直進せずに、自民党は政権党であり続けた。ただ朝鮮戦争とベトナム戦争で、経済成長が加速した事実を忘れることはできない。沖縄の犠牲は常に突出していた。

朝鮮戦争での、機雷除去作業での死者は昔から知られている。近年は、日本人の戦闘行為の存在さえ明らかにされている。さらにいえば警察予備隊以降の殉職者数は、昨年11月の時点で2054人に達している。だが現時点でもなお、自衛隊員の戦場での戦死は皆無だという事実は重い。

2022年からのウクライナ戦争の衝撃によって、惨事便乗型の9条改憲に進む危険性がある。だが敵基地攻撃能力を可能にするとは、9条を変えずに戦争が可能な体制をつくることではないか。戦後レジームは、この点でも激震に直面している。

戦後左翼の掲げた社会主義、共産主義を、今なお理想だと信じられる人は希だ。日本国憲法の理想を実現する道こそ、より有効性を持っていた。だが現時点では、憲法9条の理想で平和と安全を守れるかと危惧する人が増えている。中国・北朝鮮・ロシアの脅威を否定できない。台湾危機を絵空事とはいえない。現状をリアルに認識した上で、台湾での戦争を阻止し、沖縄を戦禍にさらさせない道を探らなければいけない。

戦後日本で社会変革をめざした人は、いかに自省しているのか。社会主義への期待は激減し、安保条約が日本の平和を脅かすという認識も影響力を失ってきた。左翼は惨敗したという評価も当然ありうる。社会主義への希望がほぼ消えた点は否定できまい。

だが次の側面も意識したい。左翼政権を生み出させなかったはずの憲法9条を守ってきたのは誰なのか。戦後を肯定する無党派市民とともに、労働組合や社会党や共産党も貢献してきた。昔日の尖鋭な運動や高邁な理論を提起できなくても、この社会で左翼体験を持つ人たちは奮闘している。左翼の価値観で平和が重視されている点は、池上・佐藤両氏も的確に指摘している。

ただ社会全体では、憲法認識も深まらない。安倍改憲構想に対しても、憲法認識は高まったとはいえない。沖縄を含めた、戦後日本レジームを縦横に論じられる人は少数だろう。筆者はその立場とはやや異なるが、「日本国憲法大好き!」という憲法讃歌さえ、今なお求められているのかもしれない。この社会を構成する人は多様である。

左翼もアメリカを否定できない

さて、もう1つの主題を考察したい。20世紀はアメリカの世紀でもある。軍事・政治・経済だけでなく、社会・文化での存在感も巨大だ。戦後日本の憧れとして、アメリカンデモクラシーの理念も全社会的に浸透した。衣食住はもとより、映画・ジャズ・スポーツなどでの影響もはかりしれない。好きな国としてアメリカを挙げる人は、常に断トツに多い。

アメリカを批判する人びとも、アメリカを全否定できない。60年安保闘争の高揚は、反米闘争という側面だけではなかったのだ。

ただ安保条約への批判は、ベトナム戦争期に増大する。アメリカの侵略戦争に、日本は加担している。それを許して良いかという問いは、反戦運動を高揚させる原動力となった。侵略国アメリカの内部でも、巨大な反戦運動は躍動していた。同時代の日本の市民もそれを実感していく。アメリカのベトナム反戦では、寛容な価値観によって異なる党派の団結も可能になった。油井大三郎氏は、『平和を我らに』などで日本との異質性を解明している。

現在も、もう1つのアメリカから日本は学んでいる。ジェンダー平等や新たな社会運動の試みである。左翼は帝国（主義）としてのアメリカを、一方的に断罪しているだけではない。

だが、日本をアメリカの属国とみなす視点は今も有効だ。2022年からの5年間で総額1兆551億円に達する「思いやり予算」や広大な米軍基地の存在がそれを示している。世界の平和を脅かすのは、帝国としてのアメリカだとみなす論者も多い。ウクライナ戦争論においても、それは論争を生み出している。

憲法認識と同様に、日米安保体制への認識も実はそれほど深まらない。自衛隊の米軍への従属、指揮権の考察も立ち遅れてきた。ただ横田空域なる言葉の認知度は高まりつつある。この分野はメディアや市民運動の貢献と同時に、左翼からの問題提起も無視できない分野である。

戦後日本では、アメリカとの良好な関係で経済発展を求めた経済人が大多数である。企業現場での影響力も絶大である。外資系企業の存在感だけでなく、戦後初期から同国発の経営学も大きな影響を与えた。労務管理は、アメリカ発の心理学や行動科学の成果に学んでいる。

前章で述べたQCサークルは、GHQの経済科学局からの提起である。労働組合の結成も、組合による団結を凌駕していく小集団活動も、日本独自の発案ではなくアメリカ発である。亡命知識人としてアメリカから発信を続けたドラッカーの著作は、ビジネスパーソンに圧倒的な影響力を有してきた。

アメリカの支配下で、沖縄は過酷な現実を強いられ続けた。軍事占領下での「アメリカ世《ゆー》」に対し、沖縄人民党などが圧政に抵抗し続け、後に島ぐるみ闘争も存在感を示した。だが同時にアメリカ文化も、食生活や音楽などこの島で浸透していく。なお沖縄を抑圧したのは、アメリカが最初ではない。ヤマトによる支配、琉球処分以降の内国植民地としての沖縄の受難を自覚すべきである。

論点は多岐にわたるが、戦後日本の左翼がアメリカを一刀両断できるはずもない。ただ今や日米同盟礼賛論は強化されている。安保体制は歪んだ同盟であり、日米地位協定の改定への着手は急務だ。日米合同委員会も横田空域も放置できないと訴え続けるのは当然である。

最後に世界資本主義における、アメリカ社会の位置をどう概観すべきか。それが究極の難問である。見田宗介氏は、『現代社会の理論』で情報化と消費化を極限まで実現した社会としてアメリカを位置づける。ポイントは、資本主義の歴史上でのアメリカ資本主義の評価である。見田氏は、現代アメリカを資本主義の逸脱ではなく、先進的な社会としてとらえる。アメリカの多面性と、常に変貌している点をどう認識すべきか。見田氏を批判するのは容易だが、資本主義の腐朽性はさらに高まっているという規定だけで良いのだろうか。それも意識したい。現時点では、デジタル資本主義、監視資本主義も含めて、現代資本主義を新たな枠組みで捉える探究が進められている。

左翼も社会主義国を肯定できない

20世紀社会主義と日本との関わりも、大テーマである。ただ社会主義国との関係性は、左翼論の領域だけでは語れない。政府・財界（企業）・自治体などと市民によっても、交流は続けられてきた。学術・文化部門や言語も重要である。相手国の政治体制を支持する必要はない。ふれあいと友情を深めることが大事である。

戦前から長らく、海外諸国をリアルにとらえるのは困難だった。ソ連認識の変遷を意識しても、その一端は明らかになる。

ロシア革命以前から、ロシアへの関心は存在する。富田武氏は、戦前の日ソ関係を多角的に検証している。ジャーナリストによる同時代の観察・分析や満鉄調査部の調査・研究がある。両国間の重要課題として、漁業問題も存在していた。当時は文学・言語の専門家以外のソ連研究は至難であり、それを志す者は大学で職はえられなかった。

富田氏は、ソ連に対する4タイプの存在を明らかにする。「容ソ容共」「容ソ反共」「反ソ容共」「反ソ反共」である。戦後まで有効性を持っていよう。

戦前からの左翼にとっては、社会主義の祖国であるソ連は憧憬の対象である。モスクワに渡った運動家たちも多い。だがコミンテルンによる諸テーゼと、日本の運動空間とのギャップは意識すべきである。天皇制問題はその象徴である。1933年の佐野・鍋山両氏による転向声明、それ以前の解党派の人びとの問題意識もその文脈でとらえられる。さかのぼれば、第一次共産党（1924年に解党）で共産党と袂をわかつ山川均、荒畑寒村らも、君主制廃止の困難さを自覚していた。

1924年に留学してパリ、ベルリンなどで左翼活動に参加した勝野金政氏は、異色のソ連探訪者である。モスクワで片山潜とも出会いロシア共産党でも活動したが、秘密警察に逮捕されて、ラーゲリで強制労働に従事することになった。ソ連社会主義の矛盾をモスクワ到着時から肌で感じていたが、まさに暗黒を体験した。帰国後に何冊もの書物で体験を記している。

一方、戦前のソ連論として、世界的に注目されたのはアンドレ・ジイドの『ソビエト紀行』と『続ソビエト紀行』だった。自由がなく、恐怖に怯えている1936年の姿を描いた。だが社会で何が進行しているかは、知り得ない。スターリン体制下の激変、ウクライナでの数百万人の餓死を強いたホロドモールの全体像が解明されたのは、戦後である。

1930年代のモスクワ裁判などの粛清については、日本でも新聞報道されている。高杉一郎氏によれば、作家・廣津和郎氏はトゥハチェフスキー（赤軍の著名な軍人）粛清に関心を示した。だがコミンテルン内部での粛清の概要は、日本では知り得なかったと推察される。

さて敗戦後の激変は、社会主義への期待を日本でも高めさせた。大日本帝国の崩壊で戦中までの価値観は崩壊し、廃墟で飢餓寸前の生活を強いられた。戦争さえなければという思いと、社会主義の理想を求めることを、一本の線にイメージする人もいた。だが明確なイメージではない。虐げられる者が解放され、働く者が主人公の社会への願望である。その後の推移は省くが、60年安保の前では世論調査で、社会主義は良いとする人が3割近くいたという。

現在に至る変化を、どう解明すべきだろうか。無数の坩堝の中での変転と見ておきたい。

第1に、まず社会主義国の認識という領域である。社会主義大国としてソ連を認める人には、働く者が主人公の社会と賞賛した人も多い。文学・ロシア民謡・映画・バレエ・サーカスなどに関心を抱いた層は、より広がりを持っていた。後にこの国のリアルな姿を知って、礼賛者は減少しても関心は消えない。だが日本社会には、敗戦時にソ連軍の暴力や抑圧を体験した人や、シベリア抑留の苛酷さを知る人も多い。憧憬を拒む人びとも多く存在していた。

1949年の中国革命は日本に驚きを与えた。侵略戦争を続けた相手国であり、満州移民も含めて現地の空気を知る人も少なくない。戦後は一転して、エドガー・スノーの『中国の赤い星』が読まれ、中国人民解放軍も讃えられた。50年代から60年代へと大躍進政策などで、社会主義建設は進むと信じた人も多い。文化大革命とは、社会の刷新を試みる巨大な挑戦だと好意的にみなす人も多く、「朝日新聞」も文革を讃えていた。中国共産党の威信は絶大であり、同党に忠誠を誓うか否かは、一つの試金石になった時代である。後に、大躍進と文革の悲惨な現実が伝えられる。

朝鮮半島は、戦前の植民地支配と在日韓国・朝鮮人の存在をまず認識すべきだ。朝鮮半島の分断と朝鮮戦争の開始によって、国内における韓国・朝鮮人の緊張感は強まった。朝連（在日本朝鮮人連盟）と民団（在日本大韓民国民団）の対立も強まった。共産党系の在日朝鮮人活動家は、運動の急進化の担い手となった。

1958~59年に革命を果たしたキューバと、アメリカの侵略戦争と戦う北ベトナム・南ベトナム解放民族戦線への共感も高まった。こうして人びとが注目する対象も変化していく。さらに東欧圏などという括り方は粗雑であることを、多くの人が認識していく。

第2に、戦後日本とはGHQの占領政策で主導され、西側陣営の一員として歩んだ歴史である。憲法9条を蹂躙する再軍備と朝鮮戦争を経て、米軍基地は全国に配備されていた。ベトナム戦争時に後方支援基地として貢献した日本の現実を、左翼は容認できるはずがない。これらのテーマも坩堝に投げこまれて、その坩堝の温度をさらに高めたといえよう。

第3に、世界史の激動は日本を揺り動かしていく。ソ連関係ではフルシチョフ秘密報告、ハンガリー事件、プラハの春と続く。中国や北朝鮮については、書物からの影響も大である。80年代以降でも、中国の秘史を描いた『ワイルド・スワン』『マオ』、北朝鮮の実像を描いた『凍土の共和国』なども、多くの人びとの認識を変えていく。

坩堝では以上の主題も燃えさかっていた。温度はめまぐるしく変わって、社会主義像も変化していく。その結果として、社会主義を待望する熱気は次第に醒まされていった。だが日本礼賛への警戒心を持つ人は多い。中国や朝鮮半島への贖罪意識や、アジア民衆の連帯を求める声は消えない。

社会主義国の「宣伝の言葉」とは距離を置く。ジャーナリズムや学問のアプローチに学び、現地からの情報や留学生・旅行者の体験もふまえて、社会主義像は修正されてきたといえよう。はるか昔の時点で、資本主義が社会主義かとの二者択一という設定は古びていた。以上は筆者も含めて、一般市民レベルで考察してみた。

プロフェッショナルとして、社会主義圏と関わってきた人も多い。筆者の身近には中国や旧ソ連との貿易に従事してきた人は何人もいるが、実は立ちいって話を聞いていない。

最も意識してきたのは、ロシア・ソビエト史研究者である。敗戦直後からソ連を讃える友好運動や研究者も多かった中で、１９５６年に江口朴郎氏を先頭にして、菊地昌典、倉持俊一、和田春樹各氏らがロシア史研究会を結成した。78年には、同研究会のメンバーでソ連史を対象とする若手が中心にソビエト史研究会をスタートさせた。傑出した研究者である溪内謙氏の直系の弟子も多い。筆者がその仕事から学ぼうとしてきた主な人に限定しても、石井規衛、内田健二、奥田央、塩川伸明、下斗米伸夫、富田武各氏らがいて、卓越した仕事を残している。この他にも優秀な研究者は多い。この世代の下にも多くの研究者がいる。門外漢には、歯が立たない学術書も多い。

ソ連の激動によって、下斗米伸夫氏は現状分析での仕事も本格化した。86年4月からはソ連の衛星放送を受像するシステムで、最新の情報に接してきた。和田氏の存在感も大きい。、メディア各社にも多くの旧ソ連・ロシアの専門家が存在している。歴史研究者も、前記した他にも数多くの優秀な研究者がいるのだ。要するに部外者にはその奥行きをつかめない。

ロシア・ソビエトだけでも、学術・文化・ジャーナリズムだけでなく、政治・外交・実業なども含めて、さらに人数は膨れあがる。旧ソ連以外の国と地域へと視野を広げていけば、巨大な全体像をとらえられるはずがない。庶民は素朴な実感しか語れない。だが30年前において、「社会主義の存在意義はますます高まっています」とは、言えなくなっていたのである。

さて「日本左翼史」の冒頭の池上氏の発言に注目したい。「社会主義と共産主義の違いがわからない人たちが社会の多数派になっている」との一節である。知識を整理してみよう。

生産手段の社会化は、社会主義のキーワードだ。社会主義は能力に応じて労働し、労働に応じた分配を受ける。共産主義とは能力に応じて労働し、必要に応じて分配を受ける。このように長らく整理されてきた。だがこれも理論の当否は別にして、絵に描いた餅だったのではないか。

旧ソ連とは働く女性が尊重され、教育・医療・社会保障なども手厚く保障されていると、大昔にはその優位性が語られていた。虚偽とは言えまい。ただ人権と民主主義への抑圧、他国への干渉などによって、憧憬は消えていく。「労働に応じた分配」にも首をひねる。勤労意欲の乏しさと技術革新の立ち遅れは指摘されてきた。勤勉な日本人は、怠けている人間も平等に処遇されるソ連を理解できなかったのである。

せわしなく他者から学ぼうという人びとは、ソ連・中国だけに期待できない。先んじてアメリカや西欧に眼を向ける人は多く、社会運動派はキューバやベトナムやイタリア社会・文化運動を意識する。何よりも北欧の福祉国家への関心は高まった。最近では軍隊のないコスタリカ、ロウソク革命の韓国なども関心の対象である。学ぶだけではない。苦難に直面しているアフリカの子どもたちや発展途上国の一地域の支援に奔走してきたＮＧＯも多い。

こうしてみれば、社会主義国にこだわる必要もない。交流する人びとは無数だ。ただ現時点まで、旧ソ連の諸国や中国との友好や文化交流を継続してきた人たちも絶えていない。

思想としての社会主義の総括は、多くの碩学が論じている。アーレント『全体主義の起原』や藤田省三『全体主義の時代経験』を意識した人は多い。無数の書物がある。ベルジャーエフなどロシア革命と同時代に訣別した思想家もいる。戦後社会主義を告発したジラスのような存在もいる。冷戦終結後には、人類史の犯罪として粛清・虐殺を裁く『共産主義黒書』も世界的に反響を集めた。

ただここでも、日本社会の市民のスタンスとは隔たってしまう。ベルリンの壁が崩壊した1989年とは、昭和天皇逝去の年でもあった。昭和史と戦争体験、天皇の戦争責任を問い直す人は多かった。それに対して、思想としての社会主義の総括を試みた人は少ないはずだ。自らを左翼と位置付ける人も減った。現実に向き合う人には、縁遠いテーマだとみなされがちである。

いや、人びとの沈黙をあなどってはならない。社会主義については、距離を置いて何も語らない。思想的総括をしないことが、人間としての総括だという立場も理解しなければならない。

92年に、関曠野『左翼の滅び方について』という刺激的な問題提起がブックレットでなされた。16人の論者による応答も興味深かった。しかし、池上・佐藤両氏の対談のようには読まれていない。ごく最近では、鈴木元『ポスト資本主義のためにマルクスを乗り越える』という気宇壮大な一冊が刊行されている。

日本社会党の衰退をどう見るか

池上・佐藤両氏は、社会・共産両党を中心にした戦後左翼の巨大な誤りを闊達に論じている。とりわけ、鋭い論陣を張り続ける共産党の多くの誤りを浮き彫りにしている。敗戦直後の２・１ストの挫折、１９６０年代初頭における社会主義国の核実験の擁護、64年の４・17ストへの敵対など、有名な事柄だ。どれも否定できない事実であろう。

もう一点、ソ連・中国など現存社会主義国への過大評価を両氏は重視する。60年代後半以降に自主独立を鮮明にした共産党よりも、社会党の姿勢を厳しく問う。佐藤氏は、社会党を東西冷戦と運命をともにした政党とみなす。だが世間で、社共両党のその違いがわかる人は少数だ。さらに親ソ連、親中国の姿勢が社会党衰退の主因ではないはずと、筆者は判断する。最大野党だった社会党は、90年代になぜ消えて、社会民主党へと党名を変えたのか。今では忘れている人も多い。まず戦後のスタートの時期から見ておきたい。

社会党は、敗戦直後に迅速なスタートを切った。敗戦から2か月半後の11月2日に結成大会を開いている。戦前の無産政党として、日本無産党、日本労農党、社会民衆党の３派が存在していたが、最右派の西尾末広氏らの動きは最も敏速だった。

結党に参加したメンバーは、裾野が広かった。戦時中に侵略戦争賛美、天皇崇拝を続けた潮流も含んでいる。戦時中の革新官僚で、国家社会主義的な思想の持ち主である岸信介氏に歩調を合わせていた人びとも、その中に含まれていた。

岸氏がスガモプリズン出獄後に、社会党を含めた新党構想を持ち、右派社会党への入党を模索した事実を原彬久氏は『岸信介』で描いている。原氏は『戦後史のなかの日本社会党』で、結成時の党首として侯爵徳川義親や伯爵有馬頼寧両氏の名前が浮上した点に、この党の独自性を見出している。いずれも興味深い事実である。マルクス主義に関わる人脈ではない点に、注目したい。

獄中幹部の存在感が強い共産党に対して、社会党の出発は異質だったのである。だが、党内で左派の影響力は急速に増していく。平和四原則（全面講和、中立堅持、軍事基地反対、再軍備反対）によって、平和と民主主義を求める人びとの支持をこの党は集める。五五年体制が始動していく。

社会党は、中国、ソ連を中心に熱心に国際活動を続けてきた。社会主義への親和性は良いとしても、現存社会主義国の圧制や人権侵害を批判できなければ、知的市民から反発を受ける。とはいえ、それが有権者にとってどれほど重要な関心事であったのかは、測りがたい。

同党の最大の難点とは、昔から明らかである。最も輝いていた時期に、政権獲得への構想を示せず、党の存在感を強められなかった。党組織の弱さは致命的だった。

社会党自身も、それを昔から自覚している。1964年の「成田三原則」はあまりにも著名で、日常活動の不足、議員党的体質、労組依存という3つの弱点を示している。その後段では作風改革、科学的な視点での「党経営」を重視する見事な分析を示している。

だが成田氏もふくめて歴代委員長は、この視点で組織改革を果たす上でのカリスマ性と威信に欠けていた。一枚岩的な党になる必要はないが、求心力に欠けすぎていた。

戦後革新勢力の要であった同党は、存在感を弱めていくのであるが、それでも底力は持ち続けていた。１９８９年参院選、90年衆院選では土井たか子委員長によって圧勝も経験した。その後に、村山内閣の誕生が党解体の引き金になるという皮肉な展開をたどった。

ただ、社会党の消滅（96年から社会民主党）は激変ともいえない。継承者には新社会党もいる。後に生まれた民主党や、現在の立憲民主党なども意識すれば良い。ポイントは、社会主義を希求する層はほぼ消滅して、社会民主主義の社民党も少数派になった。政権党をめざす改革派が増えて、自民党政治への迎合を望まない担い手が立憲民主党を結党した。

以上に見るように、社会党は自民党政治に代わる道を模索できなかった。自民党から支持層を侵食された。同党支持から無党派層や他党支持者に変わった人は、無数に存在している。

あまりにも常識的な総括である。佐藤氏は『文藝春秋』２０２２年7月号の池上氏との対談で、自民党政治を社会民主主義と規定しているが、利益誘導型、開発主義との規定が妥当ではないだろうか。この国で、労働組合に依拠した党が政権党になるのは至難だった。

さて、組織力と日常活動において秀でた共産党は、社会党の弱点を克服できる強靭さを持っていた。社会の矛盾を鋭く解明し、自党の正しさを誇示し、他の野党も批判し続けて自共対立と訴えてきた。国会で少数党であっても、全国では中規模政党の存在感を示している。ただこの党名を背負う革命党である限り、現存社会主義国のマイナスイメージの影響を受け続けていく。

皮肉なことに、２０１５年に戦争法廃止の国民連合政府構想を打ち出して、党の柔軟性を復元させたが、それ以後に苦境は露わになってきた。党の世代的継承にも苦慮している。

新左翼はこの半世紀で劇的に影響力を弱めた。だがこの潮流の一員として自己形成して、現在も真摯に社会変革の活動を続ける人たちは数多い。


左翼衰退の構図を、以上の見取り図で再整理しておきたい。後退は自明であり、庶民も知識人も革命や社会主義への期待はほとんど持っていない。だが左翼消滅にはならない。１つには、社会運動・市民運動の世界では左翼体験を持つ人びとの存在感が大きい。それだけでなく、今や左翼と民主主義派とを峻別できないのである。

戦前への回帰、ナショナリズムの鼓吹と戦争への道は許さない。戦後史を通じて、ジャーナリズムも市民も社会運動もここに防波堤を築いてきた。その民主主義を求める闘いは、それなりに有効だったのである。

その一方で、この間は歴史認識も変化してきた。半世紀前のように、帝国主義とファシズムに抗し続けたのが社会主義という構図で、20世紀史を語れなくなっている。現存社会主義国での抑圧と粛清とは、半世紀前には予測できぬ衝撃力を持っていた。この点でも社会主義美化論は崩壊した。ケインズ主義的福祉国家の危機でも、欧州の左翼は存在感を示せなかった。

こうしてベルリンの壁の崩壊とソ連解体の前段階から、先進諸国での左翼は衰退していた。世界を席巻する新自由主義の嵐で、変革派の存在感はかすんでいた。移民排斥を声高に叫ぶ勢力が欧州で台頭したが、かつて左翼に希望を寄せた層も取り込まれているのは周知である。日本でも改革の時代として、90年代以降に社会が激変させられた。政治改革による小選挙区制導入は決定的な一里塚である。左翼の分解と衰退は加速してきた。だが差別や抑圧と闘って、社会を変えようという志向は根絶やしにはされない。海外でも注目すべき闘いは続けられている。

そうでありながら、なぜ現状を打開する新たな構想力は日本で生まれないのか。それをクールにみつめる作業が求められている。

その際には、社会の激変に社会運動はすぐに対応できない。そう開き直る視点も必要ではないだろうか。高度成長期から80年代末に至る時期は、社会運動の高揚期だと認識する人も多かったが、限られた空間での高揚である。今や教育やメディアでさえ、社会全体を動かす力を持っていない。かつて強固だった枠組みは衰えた。その社会の変貌をこそ自覚すべきと判断する。60年安保のような壮大な闘いの高揚は期待できない。だが多くの分野で、地道な模索と探究は進められている。

60年安保後の日本政治は、経済成長を優先させて、高度成長後もさらなる活性化を求め続けてきた。この一点を堅持できれば、社会の安定と秩序は保たれる。教育水準の高さと勤勉な国民性がそれを支えて、科学・技術力の高さによって国際的な存在感を高めていける。それがこの社会の軌跡だった。80年代には「一億総中流」なる語も登場した。それを幻と指摘するのはたやすいが、新商品や新たなライフスタイルで生活も進化していった。

高度成長期の社会矛盾は激しく、ベトナム戦争も列島改造も地域振興も沖縄返還も社会運動から鋭い問いを突き付けられた。その後も政治腐敗や増税や改憲への動きについては、厳しい批判が盛り上がった。だがこの10年間は、野党への期待も低迷しきっている。この先も、致命的な失政がなければ、政権交代は起きにくいであろう。左翼の衰退というレベルではない。政治改革を始めとした「改革の時代」による新局面では、この社会に対する批判的視点が衰弱している点こそが問題であるのだ。

この国の左翼や社会変革派は、共通の理論を持っている訳ではない。それぞれが個別に穴を掘って、岩盤をめざしてきた。地域やその分野だけで通じる話題も多い。マルクス主義などの理論とは無関係の人も多い。左翼・社会変革派の理論と実践を検証するプロジェクトは、一度も実現したことはない。社会党と共産党にも勢いがあった70年代でさえ、自民党政治に代わりうる政権構想と共通政策の協議は本格的には進められなかったのである。

皮肉にも、今なお金権体質を持つ自民党が野党よりも先んじて党の組織改革を進めた。大平内閣期からブレーンとして知識人の助言を求めて、政治の長期的ビジョンと柔らかい党組織を模索した事実が存在する。その指南役は、香山健一氏、佐藤誠三郎氏ら若き日には左翼だった知識人である。それは党首公選制が後に実現することとも無縁ではない。

現時点で、左翼の対応の遅れを悔いてみても始まらない。もっと初歩的なレベル、そこからもう一度この社会を見つめ直す試みが求められている。以下に、ロングセラーである『君たちはどう生きるか』から問い直すささやかな試みに挑戦してみよう。

吉野源三郎氏と異なる視点を模索する

吉野源三郎氏の『君たちはどう生きるか』は、１９３７年の作品である。今も読み継がれている。コペル君の社会認識と人間観の成長も描き出している。皇国史観とは異なる社会と人間像を希求している。「網目の法則」という語でマルクス経済学の生産関係を秘かに位置づけ、後に丸山眞男氏に「資本論入門」と評された点も注目すべきだろう。

ただ困ったことに、吉野源三郎、マルクス、丸山眞男という各氏の名前だけで崇敬してしまう人が多すぎるのである。３氏の偉大さはわかるが、もっと冷静に見つめてみたい。

まず同書によって、30年代の社会のメカニズムは解明できない。小説にそれを期待するのは見当違いであり、当時は自由に描けない時代でもあった。子どもが読む哲学・社会入門として読み継がれてきた。子どもたち、若者たちがまず読んでみることには、何の異議もない。

同書への批判として、村瀬学氏の著作には本質的かつ刺激的視点が示されている。以下は著者独自の視点である。社会変革を志す大人は、同書から何を見出すべきかという問いかけである。

まず「どう生きるか」は個人の選択であろう。社会の矛盾が「なぜ」再生産されているかを見つめてみたい。同書から、近代日本の植民地支配と侵略戦争に庶民は抗えずに、１９４５年の敗戦に至った理由をつかむことはできない。１９３７年の作品でそれを書けば、吉野氏は４度目の検挙をよぎなくされた。小説としても破綻してしまうのだ。

問われるべきは、現時点の認識である。1930年代の社会をとらえる上で、吉野氏による「網目の法則」とは有効なのか。これはマルクス主義の基本概念である。むしろ「網の目の支配」という概念に注目すべきではないか。「網の目」という言葉で、1930年代の支配のメカニズムを解明したいのが、筆者のスタンスである。国家の暴力対人民の闘いという構図では、単純すぎるのではないか。

もちろん特高警察や憲兵など、戦前の国家の暴力を軽視してはならない。だが、より注目すべきは、庶民を柔らかく組織する「網の目」が生活の場に息づいていた点である。

もし「網の目の支配」なる言葉が不適切ならば、管理システムと言い換えるのも可能だ。

1930年代の社会に、そのシステムは幾重にも張りめぐらされていた。まず明治期から連綿と続く、天皇を神格化する教化政策と公教育に注目したい。強制と服従もセットになっていた。次に日清戦争以来、戦争熱を煽り立てたジャーナリズムも見逃せない。地域では在郷軍人会、青年団、婦人会などの社会集団を存在感ある指導者が率いて、天皇崇拝や戦争熱を支えていた。昭和恐慌の窮乏を打開しようと、産業組合の中堅層も存在感を増していた。

この視点からみれば、1930年代以降の戦争への熱狂と社会の同質化を説明しやすい。いざ国葬が提起された際には、誰ひとり抵抗できない社会になっていたのである。

本田由紀氏の「戦後日本型循環モデル」に学ぶ

厳しい時代の中でも、吉野氏がマルクス経済学の基本概念を示した勇気に敬服する。だがその視点だけでは、30年代も現代社会も解明できないことを自覚したいのだ。

それでは「網の目」の問題意識ならば、現代社会を説明できるのか。それを鮮明にするために、本田由紀氏の「戦後日本型循環モデル」と連結させるという視点にたどりついた。まず氏のモデルを紹介したい。学校・職場・家族という3つの領域間での循環を定式化している。この循環によって、戦後の高度成長は加速され、社会は機能してきたともいえる。『もじれる社会』から、それを紹介しよう。ポイントは、人の流れと金の動きである。

家族→学校。家庭では、子どもの学力に関心を高める。多額の教育費をかけてでも、学力を高めたい。一流企業から一流大学というコースを、我が子に歩ませたい保護者は多かった。

学校→職場。学校卒業時に、「新規学卒一括採用」として職場に新たな労働力が送り込まれる。長らく、国際的にも日本型経営（終身雇用・年功序列・企業別組合）は評価された。

職場→家族。労働実態は職場ごとに異なるが、長時間労働に耐える人々も多い。何とか生活費を確保していく。生活での欲求水準も上昇するが、教育費を重視する家庭はきわめて多い。

3つの領域とは、人間が生きる現場である。そこには、以上の循環が存在している。どの現場にも格差・序列があり、平等で公正な空間ではない。ジェンダー不平等や新自由主義的な価値観も浸透している。美化はできない。ただ勤勉に努力すれば道は開けると、多くの人は考えてきた。こうしてシステムは堅固になり、現在に至っているのだ。

この3つの現場に、「網の目」が敷き詰められている。そう理解していただきたい。網の目とは、たとえば政策、法、習慣、組織などである。学校を例にすれば、文部科学省の政策や教育委員会の通達でしばられ、学校ごとに独自の決まりがあり、クラス担任の判断もある。

職場はもっと把握しづらい。年齢や就業形態でも異なる。会社員は、その企業の事情に強く規定される。家族の形も変貌している。3領域での外国人の存在も、重要性を増している。

ちなみに職場の労働組合や、マンション管理組合も「網の目」の一種と見て良いだろう。労働条件の向上や生活改善に関わるので、「支配」の場ではない。交渉・協議の空間である。

「網の目」を管理する行政や経営者を、どう意識すべきだろうか。時には抑圧を辞さない。だが日常的には管理と誘導を重視している。3つの現場で、平穏無事にすごしたい人も多い。他方で自己実現や立身出世にこだわる人もいる。社会変革を重視するという発想は持ちにくく、既成の秩序に従う志向は強いので、政権与党は相対的に優位性を持っている。

左翼論を意識すれば、この「網の目の支配」という視点との著しいギャップは明らかである。オールド左翼の問題意識は、資本主義が社会主義に移行するという社会発展史だった。運動論では帝国主義と支配体制の打倒だった。経済認識は資本主義下の窮乏化論と、やがて恐慌に転じるという資本主義崩壊論である。いずれも、現在では全く影響力を持っていない。

ただ憲法と安保条約、沖縄、自衛隊、天皇制などへのとりくみでは、左翼の功績も大きい。地域に根を張っている人も多い。さらに左翼にも多様な系譜がある。昔から階級闘争史観とは異質の潮流もある。市民自治をめざす運動も全国で根を張っている。

だが一般市民とのギャップは大きい。多くの人は日々の生活に追われている。社会の何と対決すれば良いのかが見えにくくなっている。地域や日本社会の3つの現場で、誰もがむき出しの支配と抑圧に直面しているわけではない。半世紀前との比較では、公害も交通事故も改善されている。行政の姿勢も向上している。

敢えていえば、社会はますます悪くなっているという語り口では、共感を集められないのが現代社会だ。ある角度から見れば快適な社会に見える。だが閉じられた空間では深刻な問題が発生している。人びとの苦難を、社会全体では共有できていない構図がある。

だからこそ、「網の目」という概念を意識してみたい。私たちの視野を狭めているものは何なのかを点検していきたい。貧しさに直面する子どもたちを意識する。コロナ渦で苦しむ人も多い。まずは、「支配の網の目」を点検する。その問題点を見つけて、人間同士が支えあう「網の目」へと変えていく。社会全体に関わる大テーマの重要性は変わらないが、社会変革のイメージを柔軟にしていく。家族・学校・職場という3つの現場と地域を重視して、日本国憲法の理念と民主主義を体現した空間にすることをめざせば良いと考える。

支配の「網の目」をより良き「網の目」に張り替える作業は続く。やがていくつもの網をつなぎ合わせて、丈夫な綱にしていきたい。そして社会的な綱引きを永遠に続けていくのだ。その際には地域経済に注目して、暮らしと仕事と産業を支えていくアプローチは必須である。この分野での綱が欠如していると、綱引きに負けてしまう。それを自覚したいと思う。

各種の選挙は短期決戦で、勝敗はすぐに明らかになる。それに対して綱引きの勝負はすぐにはつかない。永遠に続くのである。世代間のバトンタッチを模索しながら、息の長い取り組みとして位置づける。それが社会を変える希望へとつながる。

社会がすぐに劇的に変わるような状況ではない。ただ悲観する必要もない。巨額の国費で、安倍元首相の国葬を挙行すれば、猛烈な反対運動が起きる社会である。国葬に無関心な人を叱責もできない時代である。戦前の社会には戻せないであろう。

池上・佐藤両氏の対談は、左翼史を語っているから、以上の視点は示されていない。戦後左翼の誤りと愚かさを自覚すると同時に、社会変革のイメージを点検してみたいと考える。

この3つの現場と地域では、社会主義を希求する観点は求められていない。民主主義実現派としての力量が求められているのだ。でも根底的な社会変革にこだわりたい。どうしても社会主義を棄てたくないという人を、仲間はずれにする必要はない。

現在の困難をどう解決できるか

1990年代以降に、「戦後日本型循環モデル」は徐々に衰退してきた。世論調査での生活に満足している比率は今も高いけれど、実態は深刻である。先進国で賃金がほとんど上昇しない唯一の国であり、現時点では物価の急上昇のあおりも受けている。

最大の問題は、若者たちの自己肯定感の低さであろう。世代間格差についても、高齢者世代と若年層とでは感受性がまるで異なっている。

就職氷河期の世代からみれば、正社員による企業別組合などは既得権益の象徴に見えるだろう。その世代では正社員への道は極端に狭められていて、大きな不利益をよぎなくされてきた。また日本国憲法があろうと、女性が差別されずに働き続けられる職場は決して多くはなかったのだ。

本田氏も指摘するように、「戦後日本型循環モデル」の礼賛はありえないことを確認したい。本田氏の『「日本」ってどんな国?』は、多くの国際的データを紹介して、この社会の深刻な現状を提起している。若者の自己肯定感の弱さが国際的に突出している点も描いている。

この現実をどう変えるべきか。教育水準・物づくり・科学技術という日本の得意分野でも陰りが見えているのは、深刻である。全分野で、具体的なプランは求められている。だが、かつての戦後日本型循環モデルを復元すれば良い訳ではない。新自由主義的な価値観で、3つの現場も荒らされている。批判と変革という視点は欠かせない。

ただこの循環モデルを支えてきた人たちは、批判と変革という視点には躊躇がある。自助努力で、道は開けると信じている。子どもの学力は家庭の支えで伸びる場合も多い。快適なすまいと健康な食生活も、知恵と工夫で実現できる。ひたむきに精を出せば道は開けるという価値観である。

自助努力は、自己責任を求める論理ではないかとの批判もありうるが、モチベーションまでは否定できない。その自助努力を大切に考える人たちとしっかり対話していくしかない。

現在の日本社会を対象化するためには、まず本田由紀氏の著書から学べる。3つの現場における「網の目」を意識すれば、社会変革のイメージも豊かになるのではないだろうか。

今や、岸田政権が敵基地攻撃能力で平和の危機を「突破」しようとする危険な現実がある。日米安保体制、自衛隊、植民地主義、歴史修正主義などの問題も、たえず問い直されていく。社会問題の重要性は変わらない。ただ左翼・社会変革派の構想を、早急に点検し更新していく挑戦が求められていることを自覚する。

突き詰めていけば、金太郎飴に立ち返ることになる。砂糖と水飴を意識したい。左翼の担い手と支援者は、均質ではない。革命思想を拒んで、憲法的な価値観にのみ共鳴してきた人も多い。革命派からの問題提起で、民主的な価値観を自覚した人もいる。職場の民主化に人生をかけてきた人もいる。理論や思想よりも、地道な実践を心がけるタイプが実に多い。

社会変革のイメージを豊かにしうる思想・理論とは、実に数多い点を意識したい。もはやマルクス主義などに限定する必要はない。ベルリンの壁の崩壊から34年、レーニン主義的な革命像と組織論は、清算する必要がある。というか、戦後日本型循環モデルとは全くズレてしまうのである。民主主義論の深化こそ求められている。

「網の目」をより良く変える。フラットで自由闊達に議論できる空間を生み出す。共同の広場を創る。現実を一歩動かすまともなプランを提案する。それで現実を一歩でも変えていくしかない。民主主義実現とは永続的なテーマだ。その模索は今後も末永く続いていく。

【三冊との対話】

池上・佐藤両氏は党派間闘争と知識人への強い関心を示している。三冊で言及されている人物はいずれも重要で、興味深い存在だ。だが左翼とは、革命派だけではない。その担い手は、革命と民主・平和の価値観とを抱いてきた点を重視したい。金太郎飴の砂糖と水飴に注目してそれをイメージしてみた。

この金太郎飴モデルを意識すれば、左翼大惨敗との清算主義的な結論にはならない。もちろん勝利したはずはない。旧来型左翼の全盛期は、とうの昔に終わっている。

海外での新たな挑戦に学びたい。戦後民主主義の運動と文化もふまえて、社会変革のイメージを豊かにしていくべきであろう。

現代日本社会論をみつめる際に、マルクスや吉野源三郎氏の『君たちはどう生きるか』に依存するセンスでは立ち遅れる。偉大な両氏の責任ではない。社会のリアルな姿が、両氏の活躍した時代とは大きく変貌しているのだ。

現代日本社会をリアルにとらえる。その際に、本田由紀氏の「戦後日本循環型モデル」に注目したい。その現場に「網の目の支配」が存在する点を自覚して、人びとの連帯を創り出していく。その模索を通じて、未来を構想することによって、敗北感を払拭していきたい。

第5章　日本共産党の深部を描く

党本部資料室にて

1960年代後半からプロ野球を観ている。当時から阪神タイガースを応援しているが、阪神ファンとは名乗りにくい。甲子園球場では観戦していないのだ。

日本共産党との距離感も、ややこれに似ている。この党にくわしい一人だが、党本部とのご縁は薄い。ただ、外部に非公開の資料室で一度お世話になった。伯父は同党の幹部会委員を務めていた。その自叙伝を編集・執筆した際に、ごくわずかの資料を閲覧させてもらった。

2014年のその日、資料室では購入図書を決める会議の様子が聞こえてきた。買おう、買おうという連呼である。さすが知的水準の高い党本部。予算も潤沢だろうと恐れ入った。

案内してくれた方の好意で、別の場所にある党史資料室の入口から室内を覗きこませてもらった。その一瞬で拙著第1作を見つけた。少し離れた場所には亡父の主著もあった。

拙著とは、1994年に上梓した『ある歓喜の歌——小松雄一郎・嵐の時代にベートーヴェンを求めて』である。主人公は戦前・戦後の左翼運動に参加して六全協前に党を離れており、徳田書記長に近い立場である。予想通り、「赤旗」への広告掲載は断られた。同年刊行の『日本共産党の七〇年』とは異なる記述も含んでいるためか。涙声で読後感を電話してきてくれた年輩の知人が何人もいる。上田耕一郎氏からも謹呈への礼状が届いて、以後ささやかな交信は続いた。

この第一作で言及してから29年、その後の自著でこの党に本格的に言及したことはない。本書刊行は最後の機会だ。知りうることは書くことにしよう。

佐藤氏の描かないこの党のリアル

佐藤氏の共産党認識には、納得できない点も多い。公安調査庁の監視団体だと毒づく一方で、2冊目の末尾では、左翼内ではこの党の一人勝ちだとの評価に転じている。不正確だと思われる。この間の地方議会選挙や参院選での後退を見ても、同党の苦境は歴然としている。

宮本氏への高評価、上田、不破両氏を天才兄弟としている点にも違和感を持つ。おためごかしと表現したら、失礼だろうか。3氏をほめれば、同党の関係者や支持者は喜ぶとみなしているのだろうか。政治に誤りはつきもので、傑出した3氏も試行錯誤の連続だったと筆者は考える。まずこの党の実像について、自分なりの感触を示してみたい。

第1点。共産党とは革命党である点を両氏は強調するが、実態を取材しているだろうか。都内のある区でも、その区に居住する党員・支持者が一堂に会する機会は皆無だ。一枚岩の組織のはずだが、各自の持ち場で活動する人たちを総動員するしくみはない。

知識人の貢献を、佐藤氏は強調しすぎている。マルクス主義（同党の用語法では科学的社会主義）の理解度も各人で違い、この分野に関心の弱い人も少なくない。ただ佐藤氏はその種の反応を意識してか、「マルクス主義と関係ない別の生態系への生まれ変わりを遂げた」党とも表現している。ふむふむである。

筆者の居住地にも同党の活動家はいる。この間も安倍政権の暴走を批判し、9条改憲に反対して奮闘してきた人たちだ。革命をめざすという主張は、耳にしていない。

でも、民主集中制とは革命党の組織原則ではないか。佐藤氏は主張するはずだ。その点には同意する。ロシア革命史や社会主義史に通じた人は、20世紀社会主義の専制の根拠になったメカニズムを知っている。社会主義史の常識である。この党も、規約での前衛党規定を撤廃した時点で、民主集中制という組織原則も廃止して、民主主義の党と規定すべきだった。

だがこの組織論への懸念と、組織内の問題意識には隔たりもある。弾圧に直面してきた歴史の痛覚ゆえである。戦後の鉄鋼産業などでのインフォーマルグループによる戦闘的活動家の排除を、アメリカの歴史家ゴードンは「裏返しのレーニン主義」と規定した。学生運動の場でも、新左翼諸党派からの激しい暴力を受けた党である。それらの受難を皮膚感覚で知る人たちも多い。この組織原則は、1970年代においてそれなりの説得力を持っていた。今なお正しいとみなす人も多い。ただ2022年の時点で、最も閉鎖的な党とのイメージは固定化されている。脱却は急務である。組織原則は民主主義とする。個性が息づく党、少数意見も尊重して、規律と行動力を兼ね備えた党であるというスタンスこそ望ましい。閉じられた空間の党ではなく、すべての人と対話できる民主主義実現の党として伸びてほしい。

佐藤氏は誤解しているが、不破哲三氏の理論で動く政党ではない。各人の思いと社会的責任感で支えられているはずだ。たとえば、党中央の打倒を訴えて全党に決起を呼びかけることは許されない。ただ党中央は、この点で妥当でないという意見は表明されている。地区党会議でのその発言も、大きな拍手を受けたという。

知識人の担い手も、広大な現実とその活動領域の一隅で仕事をしている。自らの課題に経験や専門知で対応して責任を果たす。党の指令など存在しない。党中央に異議を唱えない面従腹背タイプも多いと聞く。

さて公明党を除く他党では、さまざまな形態によって全党員参加の党首公選制が実現している。なぜ共産党ではそれが不可能なのか。すでに自民党では20年以上前から実現して、メディアの注目を集めつつ組織の活性化にも貢献している。

この間、共産党も規約の運用で開かれた党への努力を進めている。上意下達ではなく、双方向性をめざすという視点も強調されている。とても良いことだが、他党とのギャップはまだ大きい。党首公選制も、現状では実現される可能性は定かではない。分派活動につながる危険性があるという党独自のスタンスはあるけれど、従来の枠組みを墨守するだけで良いのだろうか。過去の慣習にとらわれず、現時点で一歩を踏み出すべきと考える人も多い。もちろん筆者もその立場である。規約改正の手続きは必要だが、速やかな実現を願っている。

公安調査庁の監視は不当である

うがった見方になるが、佐藤氏も以上の初歩的なことはもちろん承知している。ただ革命政党だと強調したいのだ。同党も長らく唯一の前衛党という自己規定で、敵対する勢力を論破してきた。戦後左翼では、社会党が相対的には鷹揚さを持っていた。佐藤氏は、社会党が新左翼を育てる「傅《ふ》育器《いくき》」だったとみなしている。共産党と新左翼は真の革命党は我らだとして常に対決してきた。半世紀前とは変貌している共産党だが、現在も革命党の看板を下ろしたわけではない。

佐藤氏の議論は1950年代前半の状況を固定化させて、公安調査庁による同党の監視（破防法に基づく調査対象団体）を肯定する点に特徴がある。その視点は全く支持できない。

公安調査庁が、莫大な国費でこの党を監視する。多くの人権侵害ももたらしてきた。佐藤氏はインテリジェンスに精通する知識人として、その有効性を吟味してほしい。筆者は、そもそも公安調査庁を全否定するつもりはない。同庁が適任かは別問題として、インテリジェンス活動は重要であり、テロリズムの脅威を除去する活動ならば評価したい。

だが共産党の監視などは不要である。この党の過激な方針は、68年前までの数年間である。その路線と訣別して68年経っており、暴力革命に戻る危険性はゼロである。まず共産党への敵視と監視を止めるべきだ。たとえば、海外のテロリストの潜入を防ぐ努力ならば納得できる。国内で監視すべきは、崖崩れや水害の危険地帯だろう。

公安調査庁の実態は、闇に包まれている。共産党による犯行ではなく、実は現役巡査が駐在所のダイナマイト爆破事件の実行犯だったと判明した1952年の菅生《すごう》事件は、最も象徴的である。当時の同党に権力のスパイが潜入して、組織を撹乱していた事例はいくつも指摘されている。権力による弾圧やデッチ上げ事件は、枚挙の暇がない。

佐藤氏と対談した公安調査庁次長・横尾洋一氏は、同党が「『暴力的破壊』にあたる行為を過去におこなった疑いがある」と抑制的な表現をしていた（『正論』2021年7月号）。当事者が、50年代の共産党の極左化について饒舌に語らない点は興味深い。前記した菅生事件などへの関与や、破防法制定時の議論も無視した人権侵害が明らかになれば立場も苦しくなろう。

1989年2月の不破氏の国会質問で、長年の調査で「破壊活動の証拠」何一つ見出せなかった点を公安調査庁長官自らが認めざるをえなかった。政治の場での勝負はついている。しかし今も、政府が旧態依然たる「暴力革命の党」という認識を改めていないのはなげかわしい。

党の現在地　①綱領は常に正しいか

この党への、ごく基本的な注目点を述べておこう。まず共産党という党名を変えず、民主集中制を組織原則とする政党が、ベルリンの壁崩壊後の33年間も存続している。創立以来の100年間の全時期に関心を持ってきた一人として、現時点もきわめて興味深い。

綱領路線をどう見るべきなのか。「綱領路線に確信を持つ」とは、同党のキーワードである。指導者への個人崇拝ではなく、綱領と規約を認めて一丸となろうとする組織だ。世間では優秀な人材同士で足を引っ張りあう組織も多いと聞くが、同党の結束力は強い。

綱領とは、英語でプラットホーム。現代世界で熱い関心を集めるのはインターネットのキーワードのプラットホームだ。政党の綱領への関心は低い。研究者も、綱領などの政治的文書は書かない。テーマをしぼりこんで研究史に仕事を刻んでいく。ジャーナリストは事実を探究する。だが綱領へのこの党のこだわりは並大抵ではない。これも党史と関わっている。

1961年の第8回大会は、初めて自前の綱領を生み出した画期的な大会であった。数年間の全党討議を経て、大会で採択された綱領で結束して、以後の前進を勝ち取っていった。かつての分裂を乗りこえた党は、この綱領によって躍進できるという高揚感に支えられていた。綱領路線に確信を持って、大衆運動などの日常活動と党建設を進めることで躍進を実現していく。

この2022年の時点で、興味深い論点が提起されている。

第1に、党の飛躍を生み出した61年綱領について、この党の指導部はやや冷静なスタンスになりつつある。社会主義の世界史的優位性と労働者階級の前衛としての自信に満ちていたのが、この綱領だった。新左翼党派の断罪とは違って、社会主義体制を讃えていた。その後に、現存社会主義論を変遷させていく。社会主義生成期論などの時期もあり、もう長らく以前から社会主義とは無縁の体制だったと規定している。

今や61年綱領は時代物になって、同党の現在とフィットするわけではない。志位和夫氏の『新・綱領教室』はその点を意識している。妥当な判断である。しかし、ここに至る道が至難であった。ベルリンの壁崩壊とソ連邦の解体は世界史に刻まれている。ただこの党は、60年代後半からソ連や中国の党を毅然と批判する自主独立の路線を本格化させた党である。世間では高評価だったソ連共産党のゴルバチョフ書記長の新思考やペレストロイカをも、真正面から批判した。ソ連邦崩壊時に「巨悪の党の崩壊をもろ手を挙げて歓迎する」という声明を発表している。その勢いで、今なお民主集中制と共産党という党名を保持してきた、珍しいタイプの党である。

志位委員長の『新・綱領教室』では、61年綱領の弱点を「アメリカ帝国主義とそれに対する二つの勢力の闘いとして世界を見」た点であると指摘している。60年代からの機関紙読者としては、いささか感慨深い。アメリカ帝国主義と最も厳しく対決できる党、日本の真の独立と平和を訴えてきた党として、支持する人も多かったからである。

ただ帝国主義対社会主義という体制論が、今や古びているのは事実だ。前章で言及したアメリカ社会論とも関わる。大昔の社会発展史（発展段階論）の権威も地に墜ちている今、昔のモデルと縁を切るのは正当な判断である。その点では、民主集中制自体も大いに古びている。この組織原則を擁護する姿勢を、知的市民は強く疑問に思っている。早急に検討が求められている。

今や実態として、革命をめざす党でないことは明らかだ。未来社会を論じるより、民主主義実現をめざす党という自己規定が望ましいと考えている。もし今なお社会主義を希求するならば、20世紀社会主義と党の軌跡への詳細な総括は避けられない。新たな社会主義像を語る必要がある。

だが、今やそのレベルの深遠かつ抽象的な議論に関心を示す人は、社会で激減している。庶民の生活を守り、日本社会の停滞をどう突破できるか。何よりも、敵基地攻撃能力の名の下に軍事費の激増と、戦争への準備が進められている現実にどう平和を探求して抗っていけるのか。現実に対して、愚直に立ち向かうことが急務なのである。

さて、『新・綱領教室』には注目すべき箇所がある。「革命」について斬新な解説を付している。支配階級の権力を奪取するという従来型の解釈ではなく、横にずらすという概念を提示している。語感と歴史認識での違和感はある。横にずらすのは革命ではなく、移動だと思うのだ。ただ、この新解釈で被抑圧階級が支配階級を倒すという旧来型の理解と一線を画していると言えよう。革命という概念に縛られたくないと筆者は考えるが、脱皮への模索には注目したい。

第2に、有権者の綱領への関心は弱い。同党の問題意識とは、全くずれている。選挙での最多得票820万票を獲得した1998年参院選時点での綱領は、社会主義の前進を讃えた61年綱領である。有権者は綱領を読めば躊躇したはずで、綱領など読まずに投票した。社会党が消えた後の頼りになる野党として、共産党に強い追風が吹いた選挙だった。

61年綱領の改定を実現した2004年綱領では、日本国憲法の全条項を守る党へと転換した。象徴天皇制とは基本的な歴史用語であるが、戦後史では天皇制の概念を用いないという認識に驚かされた。だが同年の綱領改定で最も批判が集中したのは、中国社会主義の評価である。中国が社会主義への道を切り開きつつあるとの規定には、厳しい批判が多く寄せられた。ようやく2020年によりリアルな認識へと転換した。あまりにも遅ればせではあるが、妥当であろう。

だが、現綱領にも不思議な点は残っている。盲点になりやすい点を指摘したい。まず党の担い手は高齢者世代なのに、高齢社会や年金などの語も登場しない。立憲主義を守れと安倍・菅・岸田政権を批判して立憲野党なる語も用いてきたが、綱領に立憲主義は見あたらない。なぜだろうか。

年金については、1960年代の制度創設時にも批判的だった。年金制度の創設者は、マルクスの仇敵のビスマルクだ。資本主義の延命に手を貸すという警戒心も強かった。社会党も新左翼も含めて当時の左翼全体が、福祉国家的な政策への警戒心を持っていた点に注目すべきである。立憲主義については、レーニンの10月革命が立憲主義を破壊して実現された点も想起したい。

だが現在の日本共産党は、立憲主義を尊重している。また年金制度改悪に一貫して反対し続けている。綱領に記されていないけれど、大会決定や情勢分析では重視されている。それで問題ないという判断はありうるだろう。

ただ、現綱領の「ソ連覇権主義という歴史的な巨悪の崩壊は、大局的な視野で見れば、世界の平和と社会進歩の流れを発展させる新たな契機となった」という規定は、妥当なのか。ロシアのウクライナ侵略戦争で、この規定の有効性は問い直されていると思った。次期大会で検討されよう。

党の現在地　②組織論でどう把握すべきか

この党の存在感をどう見るべきか。社会からの関心も変容している。社会主義の実現を期待する有権者はいないだろう。高い調査能力で毅然として政権批判を試みる党であり、苦しみを抱える人たちを見捨てない党として期待されている。

共産党という党名でありながら、民主主義を実現する党としての実態を持ち続けてきた。社会民主主義への転換も一案だという中北浩爾氏の提言は、その点でも妥当である。

党創立100年に際して、志位委員長は党名を変えないと宣言している。党名も組織原則も変えずに、選挙での後退を避けられるだろうか。その点に注目している。

この党は、従来の方針を変えることにきわめて慎重である。共産党が決断して野党統一候補を擁立すれば、自民党政権を倒せる。小選挙区制開始直後の90年代後半にその指摘をしたのは、蒲島郁夫氏ら政治学者だった。その方針への転換には、20年近くの歳月を要した。現在はまさに風雲急を告げている。担い手の高齢化もあって、難問を先送りできない。この党を存続させるためには、迅速な決断が求められていよう。

社会変革派の人たちは、民主的という語をよく使う。東島雅昌氏によれば、民主主義の定義は厳密で①参政権の保障、②複数政党、③公選による首長、④政権交代も可能な公正な選挙の4指標は必須であり、その1つでも欠けていれば権威主義だという。もちろん、これらは国家レベルでの指標である。ただ政党を論じる際にも、参考になるだろう。

大多数の党で、全党員参加の党首公選制を実施している。立憲民主党では、党員のみならずサポーターも党首選挙に参加できる。各党に独自の判断はある。共産党は、支部会議で全党員が間接的には党大会出席の代議員を決める一過程に関わっている。大会議案を学習し討論する。大会議案について一度だけではあるが、意見を公表する場もある。長年それを遵守してきた点は、それなりに評価されるべきだ。ただそれを維持するだけで良いのかが、現時点で問われている。

半世紀前には、党首公選制などを行う政党は皆無だった。現在では大多数の党が、それを実施するようになった変化をどう説明するべきか。社会的背景としては、組織論への関心の高まりを指摘できよう。組織の中でメンバーが達成感を持ちたい。個人を尊重する組織であると実感できれば、組織の活性化は進むという期待があるのだ。

政党論として党首公選制を論じるのは当然だが、今やその文脈だけでは論じられないとの自覚も必要である。社会のあらゆる組織・団体で、どんな組織文化を育んでいくか。メンバーの自発性を引き出す工夫とは何かが、真剣に議論されている。この半世紀にその機運が高まっている。

すぐれた組織論なしには、人間の力を引き出せない。その模索は欠かせないと胆に銘じている人は多い。ただ企業の現場も含めて、さまざまな改革を試みて成功する場合もあれば、功を奏さない場合も多いのだ。その点はクールに見なければならない。

唯物論哲学者であり、産業世界での組織論にも精通する碓井敏正氏は、『成熟社会における組織と人間』などで革新政党の組織論を探究してきた。碓井氏が指摘するように、政党とは市民社会と国家とを媒介する準公的な組織である。政党の組織内民主主義は、その政党内の問題だけではない。広範な市民からの関心を集めるテーマである点を自覚しておきたい。

日本共産党を評価する論者には、求心力と規律ある組織として民主集中制を評価する論者もかつては多かった。現在も皆無ではない。だが潮目はかなり以前に変わってきた点を自覚している。

それは経営組織論での問題意識の変遷とも、関連しているのである。ピラミッド型ではなく、多様性を持ち、現場から活発に異論も提案も出せる組織が望ましいとする論者は多い。企業人の大半は、著名なドラッカーやその著作に学んできた論者の問題意識を受けとめている。

「マネジメント上の意思決定は、全会一致によって行うべきものではない。対立する見解が衝突し、いくつかからの判断からの選択があって、初めて行うことができる。意思決定の原則は、意見の対立がないときには決定を行わないことである」(上田惇生訳)というドラッカーの『マネジメント』の一節は、きわめて刺激的で広く知られている。自立した個人の貢献が、しなやかでしたたかな組織を前進させる必然性を明らかにしている。

ぜひこの視点も意識したい。同党の党員・支持者の中でも、認識や意見が分岐しているテーマも存在するのだ。それを討論し交流していくことは必要である。現在ならば、野党共闘の再生、安全保障政策、経済政策などについても、多様な受けとめがある。組織論についてもありうる。少数意見から学ぶ点はないのか。それも意識しながら、従来の方針をさらに深化させていく手腕こそ、組織人に求められている。

政党には求心力が求められている。たとえば選挙戦のさなかに、各人がバラバラの意思表明をすることはできない。だからこそ、さまざまな論点について日頃から討論を深めておく。少数意見からの問題提起を受けとめながら全体の共通認識を高めて、求心力を保ち続ける工夫は必要である。

党首公選制についていえば、志位委員長への一票を自らも投票したいと願う人は、今までも存在していた。この制度が存在すれば、党員や支持者の関心は集まる。メディアでの報道を通じて、社会からも一定の関心を集められるので、プラスであるとみなせる。開かれた党へというスタンスも実感できる。ちなみに昔は党大会や中央委員会総会の冒頭部分なども公開していなかったが、現在は公開されている。もう20年以上前に、規約を見直して上級と下級という長年の規定を撤廃した事実も存在している。党中央によって、自党の文化を徐々に見直す努力は続けられてきたのだ。

２０１５年以降に「市民と野党の共闘」の方針を打ち出して、この党は新しい一歩を刻んだ。この党の議員も、政党支持の枠を超えて応援してくれる市民に支えられている。その議員への信頼から政治に関心を強める人もいる。この党が寛容な価値観による開かれた共同体になることは、無党派層にも一定の影響を与えていく。党首公選制も第一歩になりうると、自覚しておきたいと思う。

さて創立１００年のインタビューで志位委員長は、支配勢力の弾圧や迫害と闘ってきた一世紀であると強調していた。それはその通りである。筆者も長年関心を持ってきた主題なので、次に戦前と戦後初期の日本共産党について考察してみたい。

革命と暴力をめぐる構図

映画「アルジェの戦い」（1966年）は、ジッロ・ポンテコルヴォ監督がアルジェリアの民族解放闘争を描いた名画である。ドキュメントに近接した映像で知られる。民族解放闘争の担い手への弾圧・拷問・殺害も存在する時代に、植民地支配との闘いの中で武力行使をためらわなかったという衝撃力に満ちていた。アルジェリアでの激烈な闘争は、植民地本国フランスでの世論を分裂させてしまった。その一方で、被抑圧者に連帯する人びとを奮起させた。テロリズムは好まないが、後者の側面も認めざるをえない。

日本は、独立戦争や民族解放戦争の経験を持たない。ファシズムや独裁政権を打倒しようと、民衆が蜂起した諸国とは異なっている。1909年に伊藤博文を暗殺した安重根《アンジュングン》は、韓国で英雄として顕彰されており、それに違和感を持つ日本人は多い。だがこの種の行動も世界史を動かしてきた。好悪の感情とは別に、認めなければならない。

日本社会の秩序感覚は、際だっている。自国の侵略や植民地支配への批判は弱いが、お上に逆らう行動は封じ込める。暴力は庶民から断罪される。日露戦争後の日比谷での焼き討ちは許容されたが、それ以後は社会も変わって、お上に従順な体制順応主義は社会に充満していく。皇室への危害などはありえない。虎ノ門事件（1923年、裕仁親王を無政府主義者が狙撃した事件）の実行犯の父親が自決したように、社会的な断罪が待ち構えているのは明らかである。

さて、戦前のみならず戦後も、国家権力は日本共産党の破壊を企図して、組織の内部に潜入して攪乱と転覆を図った。左翼の暴力を装っていても、実際にはスパイが先導した事例も多い。センセーショナルに報道されて、この党への恐怖は植えつけられることになった。

物事の歴史的な文脈を無視すべきではない。戦前の植民地支配と侵略戦争の犠牲者は、正確に何人と数えられるのか。戦争だけで数千万人のアジア民衆を殺戮した。戦後の朝鮮戦争の死者も300万人をはるかに超している。

その戦争に抗った政治勢力としての日本共産党の逸脱と過誤である。その視点は意識しておきたい。ただこの党の極左行動が社会を震撼させて、犠牲者も生み出した。その事実は厳然と存在しているので、忘却はできない。

朝鮮戦争勃発時の同党は、韓国からの侵攻による開戦と誤認していた。その状況下でも、開戦によって非戦と平和への思いを強くした活動家は多い。だが組織から要請されたのは、非戦ではない。プロレタリア国際主義の立場での闘争であった。朝鮮戦争に際して、この列島での抵抗に革命家として献身せよという指令である。プロレタリア国際主義の権威は、絶大なる時代でもあった。

こうして、党大会に準じた全国協議会で決定された51年綱領（同党は現在では51年文書と表現）という新方針が、時代を画していく。51年末から、後方攪乱のための極左行動は開始されている。

ただ全党が一丸となり、極左行動を推進するはずもない。団体等規正令による党員名簿の提出で、組織の実態は権力に筒抜けになっている場合も多く、分裂で党内は混乱していた。

当時の活動家の多くが、極左冒険主義を推進したとみなすのは見当違いである。平和運動や各種の合法的活動に参加していた人も多い点は、踏まえておきたい。

党への監視と弾圧が強まる中で、その壁を突破して極左的な行動に起ち上がった多くは、若者だった。犠牲を顧みずに苦難を背負った人びとが、1955年の六全協（第6回全国協議会）で極左冒険主義と総括されたことに対して、怒りを噴出させるのは必然的だった。

党を弾劾した詩を再読する

1955年「東大学生新聞」に掲載された、以下の詩は有名である。

日本共産党よ／死者の数を調査せよ／そして共同墓地に手あつく葬れ／政治のことは、しばらくオアズケでもよい／死者の数を調査せよ／共同墓地に手あつく葬れ／中央委員よ／地区常任よ／自らクワをもって土を起せ／穴を掘れ／墓標を立てよ／もしそれができないならば／非共産党よ／私たちよ／死者のために／私たちのために／沈黙していいのだろうか／彼らがオロカであることを／私たちのオロカさのしるしとしていいのであろうか

この詩は、「前衛党神話の崩壊」という文脈で引用される。私も第一作で引用した。苦悩を深めた若者たちは、柴田翔『されどわれらが日々――』にも描かれている。再び引用するならば、新たな光を当てたい。100年の歴史の文脈に引きつけて再読しよう。

当時の革命運動とは、実力闘争でもあった。敗戦後の混乱期は治安体制も脆弱である。デモ隊が

圧倒する場面は珍しくない。1949年の平事件では、福島県の平市警察署に押しよせた群衆が警官を留置場にぶち込む事態まで発生した。在日朝鮮人の闘いも高揚した。革命近しという党の過大な情勢判断を真に受けて、それに呼応する爆発的なエネルギーを運動が備えていた局面である。平事件の時点とは違って、51年綱領の下での極左冒険主義による犠牲はより甚大である。火焔瓶闘争や白鳥事件などが起きた。活動家側の犠牲も多く存在しているが、その暴力によって生み出された犠牲者を忘れるべきではない。今も心からの哀悼を捧げる。

第2点として、この詩を読んだ人をどう想起するか。党との訣別で新左翼運動の源流に連なった人も含んでいる。スターリン個人崇拝や粛清を明らかにしたフルシチョフ秘密報告（1956年2月）やハンガリー事件（1956年10月）など、社会主義の希望を打ち砕いた国際的事件とも連動する。前衛党との訣別を、自らの思想の跳躍台にした人は多い。

だが、六全協後の足跡は多様である。社会運動から離れる人もおり、一部には獄中生活や裁判での苦闘も続く。痛苦の経験を経て党再建に邁進した多くの人たちも、視野に入れるべきだ。

「前衛党神話の崩壊」とは、庶民には理解しにくい議論だ。前衛党の意味を知らぬ人、同党を全く意識しない人も多い。この党と縁を切れば、必ず自立的な思考をなしうるという保証もない。

もちろん逆方向から詩を疑う視点もある。一党派の誤りよりも、侵略戦争と植民地支配、天皇制や治安体制を批判すべきという視点だ。たしかにそれらは普遍的主題である。だが社会変革派は、歴史を問い直さずに未来を語れるのか。歴史に真摯に向き合う空間を尊重すべきである。

もっと素朴に、改革と希望を求めるアプローチも可能である。この詩の「死者の数」を「生者の声」と置き換えて、「そして」以降は消去して現在と響きあう言葉を綴ってみても良い。

さらにもう1点。未来を展望するスタンスで、従来の歴史認識から一歩踏み込んでの宣言を待望している。当時の過誤を改めて総括する。その誤りを自己批判して67年間歩んできたことを踏まえて、人間がともに支えあう空間を党内で実現していくという方向性を示すことも重要である。

同党の存在価値は、国会の議席数のみでは測れない。政権の暴走を阻む防波堤であり、ボス支配、馴れ合い政治に歯止めをかける真摯な勢力として評価する市民もいる。全国政党としては自民党、公明党に次ぐ組織力を持っている。20世紀日本の思想集団としても論じられる。

鶴見俊輔氏のエールと丸山眞男氏が書かなかったこと

久野収・鶴見俊輔両氏の『現代日本の思想』で、「日本の唯物論――日本共産党の思想」を鶴見氏は論じた。戦前のセクト主義への批判ではなく、次の箇所が党機関紙で引用される。

すべての陣営が、大勢に順応して、右に左に移動してあるく中で、日本共産党だけは、創立以来、動かぬ一点を守りつづけてきた。それは北斗七星のように、それを見ることによって、自分がどのていど時勢に流されたか、自分がどれほど駄目な人間になってしまったのかを計ることのできる尺度として一九二六（昭和元）年から一九四五（昭和二〇）年まで日本の知識人によって用いられてきた。

この叙述のすべてには同意できない。戦前期の共産党は、日常的に出会える存在ではない。それゆえ神格化されていた。1935年に党中央は解体されて、敗戦まではごく少数の党再建の試みはあったが弾圧された。その輝きを、知識層のすべてが認めていたわけではない。

さらに、北斗七星の眺め方も一様ではない。いつも自省的な人もいるが、常に自己肯定感の強い人もいる。鶴見氏は秀逸な表現力で、この党へエールを贈った。ただ引用した箇所の前段と後段で、この党の思想的弱点を率直に指摘している。全文を精読したい。

鶴見氏はこの論考の最後を、「私たちは、思想を大切なものと思うかぎり、日本共産党の誠実さに学びたい」と締めくくる。1959年の執筆だった。後に氏は、ベトナム反戦運動に没頭する。べ平連の中心メンバーの一人だった。60年代末には、共産党とべ平連との間に軋轢も存在した。運動の現場で、氏は同党の実像を熟知しており、すべて好印象であるはずもない。だが選挙では、一貫してこの党に投票し続けたことを晩年に明らかにしていた。

さて戦後の傑出した知識人として、丸山眞男氏の共産党論、とりわけ「戦争責任論の盲点」もきわめて有名である。次の一節である。

共産党――ヨリ正確には非転向コンミュニストが戦争責任の問題について最も疚《やま》しくない立場にあることは周知のとおりである。彼らがあらゆる弾圧と迫害に耐えてファシズムと戦争に抗してきた勇気と節操を疑うものはなかろう。（略）しかしここで敢えてとり上げようとするの

は個人の道義的責任ではなく前衛政党としての、あるいはその指導者としての政治的責任の問題である

宮本顕治氏は、この一文に激烈な批判を持ち続けた。この党の戦争責任を問うのは筋違いだと考える人は、鶴見氏も含めて広範に存在する。ただ丸山氏の一文とは、マックス・ウェーバー『職業として政治』での心情倫理と責任倫理に引きつけた考察だとみなすのが最も自然である。この党への攻撃ではないと判断する。特高警察の野蛮さを丸山氏も体験している。

90年代前半には、丸山真男氏批判が党中央によって展開された。その時期に上梓した自著では、丸山論文への言及を試みた。氏の問題提起は普遍的であり、党内でも志賀義雄氏らが敗戦直後に素朴な形で示しており、ドイツ共産党の指導者であるピークの同種の問題提起を敗戦直後の一部の活動家も共有していたことを記した。

その四半世紀後、石田雄氏の『丸山真男との対話』に驚かされた。丸山氏はこの論文執筆に際して、戦後の日本共産党の政治的責任まで意識していたというのだ。それは1952年のメーデー事件に関わっていた。

今も血のメーデーとして知られる占領終結直後のメーデーで、(それまで「人民広場」として親しまれていた)皇居前広場にデモ隊が突入して警官隊と衝突。発砲で2名が射殺され、多くの重軽傷者を出した。当日の1232人の逮捕者の中に、丸山氏の勤務する東大法学部職員組合の女性職員2名も含まれていた。先鋭な活動家ではない組合員の逮捕は、職場に衝撃を与えた。

警官隊の暴力を丸山氏は擁護するはずがない。ただ、使用禁止命令が出された皇居前広場の奪還にこだわった共産党の方針は正しいのか。その文脈で党の政治的責任を意識していた。

ちなみに裁判での争点は、騒擾罪の適用である。警官隊の発砲や暴力と、デモ隊の行動との関係をめぐって長期の裁判となった。被告には多様な政治的立場の人がいて、被告団内部の対立も激しかった。主任弁護人として重責を担ったのは、上田誠吉氏と石島泰氏だった。

丸山氏の問題意識、皇居前広場への突入に共産党が執着したという点については根拠がある。筆者も80年代に増山太助氏の回想で、それを初めて知った。メーデーの直前に、党の最高幹部・志田重男直系の活動家たちが合議して皇居前広場への突入を決定したという秘話である。

ただ50年代の時点で、この種の証言の概略はすでに報道されていたのだ。党内でのその動きは実在した。しかしその方針転換があろうとも、騒擾罪を立証できるわけではない。参加者は数万人に達する。共産党員はごく少数だ。当日は占領終結後の解放感にあふれて、「人民広場へ」という声は尖鋭な活動家だけでなく、多くの一般参加者からも発せられていた。

二審では、多数の写真と映画フィルムが法廷に提出された。警官が最初に攻撃をかけた集団が、あわてて逃げ出している姿も明らかになった。警官隊への襲撃について、未必的共同意思を立証できないことは明らかになり、騒擾罪は適用できなかった。

１９５６年の時点で、熟慮の末に丸山氏はメーデー事件に言及しなかった。的確な判断である。それでも丸山論文の鋭角的な問いは、論争の的になり続けた。

社会運動での「誤り」は是正できるのか

戦前の共産党員・瀧澤一郎氏をご紹介したい。1908年生まれで、一高中退後に救援運動に参加した。日本赤色救援会の責任者として、33年に逮捕された。国体を礼賛する転向の上申書を書くことは拒んで、囚われの身で救援運動の歴史を記した。それが60数年を経た1993年に、『日本赤色救援會史』として公刊されている。

若き日に氏と面識があった私は、希有な運命を持つ同書を入手した。だが冒頭の森正氏の解説を、昨年まで熟読していない。そこには、戦前の運動は「執行機関の構成に自己査察機関を持たなかった」との反省を、1975年時点で瀧澤氏が述べていたことが記されていた。

戦前の左翼運動家は、逮捕後に転向の上申書を書くことを強いられた。その多くは、国体の偉大さを自覚する。軽挙妄動で運動に参加したが、二度と過ちを繰り返さないと綴った。それを拒んだ瀧澤氏は、戦後30年で「自己査察機関」という発想にたどりついていたのだ。

自己査察とは、企業でも重視される。問題行動の制御のためのコンプライアンス（企業が法令・社会規範を遵守）、コーポレートガバナンス（株主や消費者が企業経営をチェック）などもその事例である。さらに19世紀のスウェーデンに源があるオンブズマン制度も、現在まで命脈を保っている。

だが社会運動の場で、この種の問題意識はあまり重要視されない。まして1930年代の社会運動を総括する問題提起としては、きわめて新鮮な視点が示されていると感じた。

ところで日本共産党を論じる際に、大衆団体への注目は欠かせない。戦前では労働組合の全協（日本労働組合全国協議会）、青年運動での共青（日本共産青年同盟）も重要である。さらに現在の日本国民救援会の前身である日本赤色救援会（モップル）は、広範囲に影響力を持っていた。

この日本赤色救援会については、田中真人氏が「日本赤色救援会――『超党派』的大衆団体の論理と背理」で、瀧澤氏の上申書も参照しながら密度の高い実証研究を行っている。

救援運動とは世界的に存在する。社会運動での弾圧や犠牲者に対する支援の運動である。大正期の鈴木茂三郎らが結成した防援会の自然消滅後に旗揚げした解放運動犠牲者救援会には、共産党とは明らかに異質な合法左翼諸党・著名人の支援者も数多く存在していた。医師の馬島僩《かん》氏、さらに事務局として太田慶太郎、近藤操両氏が中心を担った。安部磯雄・大山郁夫・市川房枝各氏なども発起人として名を連ね、安部氏が会長に就任している。

ただ組織の担い手は、共産党に近い左派系だった。それゆえ後に政治的対立は強まる。社会民衆党系の離脱を皮切りにして、合法左翼諸党の人びとは脱退した。一時期役員に就任していた大宅壮一氏も訣別し、最左翼中心の組織になってしまった。後に国際赤色救援会（略称モップル）への加盟を実現して、解放運動犠牲者救援会から日本赤色救援会と改称した。この名称変更もやはり逆効果だった。活動の広がりを困難にしたと言えよう。

しかし改称後も、この救援会は治安維持法の適用を受けない合法団体として存続した。多くの学生が、この会の活動に協力していた点も顧みられて良い。

この日本赤色救援会の責任者を務めた人こそ、瀧澤一郎氏だった。太田慶太郎氏、難波英夫氏の後継であった。この組織の活動家は、共産党系労組の全協の組合員ともかなり重なっていた。ただ政治的立場の如何にかかわらず、弾圧の犠牲者を救援することが運動の大原則である。その原則には忠実だったのである。

注目すべきエピソードが残されている。『日本資本主義発達史講座』の最も中心的な担い手である野呂栄太郎氏と難波氏との論争である。転向声明を発した佐野学・鍋山貞親両氏への救援活動を野呂氏から批判された際に、難波氏がそれに毅然として反論した事実は注目される。

ただ瀧澤氏も上申書で自己批判しているが、当時のセクト主義の影響を救援運動も受けている。社会民主主義者に打撃を与える社会ファシズム論は、かくも大きな弊害をもたらしたのである。

さて若き日に、戦前の救援運動の同窓会「旧縁の会」にオブザーバーとして数回参加させてもらった。女性史・社会運動史研究者の鈴木裕子氏から誘われた親友からの教示による。瀧澤氏も会の中心メンバーだった。

忘れがたい1日とは、1981年5月31日の春季例会である。45人の参加者がいた。当初救援運動に関わり、後に労働運動で活動した方がご夫妻で参加していた。この人はスパイ松原として党から除名され、当時の「赤旗《せっき》」で断罪された経緯がある。だが立花隆氏の『日本共産党の研究』（下巻）は、彼がスパイではなかったことを立証していた。

同書できわめて印象深い箇所である。このスパイ松原と彼をスパイだと断罪した活動家の双方から立花氏は長期間取材した。その上で思いがけない展開になった。断罪した活動家の側が当時の処分は誤りだったと認めたのである。実は、このスパイ松原氏は一度も入党していなかった事実を知らなかったのだという。非党員ならば、党内の人間ではないから除名されるいわれはない。スパイの嫌疑そのものが、この人の苦しみであったことを立花氏は書いていた。

戦前の左翼運動で、スパイと誤解される事態は頻発していた。官憲の弾圧とスパイの暗躍で、活動家の疑心暗鬼は強まっていた。さらに党と大衆団体との関係性は、当時も戦後も難しい。共産党系とみなされる団体でも、非党員の比率は高い。党の方針に大衆団体の活動家が異論を唱える事例は珍しくなく、時には深刻な対立に至る。スパイ松原問題もそれと無縁ではなかった。

さて42年前のその日、「スパイ松原」氏は本名の宮上氏として、「旧縁の会」に出席した。瀧澤氏は氏を紹介しながら、スパイの嫌疑は晴れた。この場でも、彼の名誉を回復したいと発言した。

出席者の一人、青柳盛雄弁護士はすかさず異議を述べた。戦前の運動関係者の同窓会は、歴史の見直しをする場所ではない。当時の党による処分について、この場で覆せないという趣旨を述べた。立花氏への批判に言及したという記憶はない。

瀧澤氏も事務局の要である俣野旭《あきら》氏も困惑して、宮上氏ご本人も沈黙を保っていた。隣にいた出席者は「『代々木』から金をもらっている人（青柳氏は党中央委員）の話を、真に受けてはいけない」と若僧である筆者にアドバイスしてくれた。だが、その人も青柳氏にじかに反論していない。話はそこで止まってしまった。

治安維持法は悪法でも法だ。その法に違反して捕らわれた人間を救うのが、救援会の使命ではないか。誤ってスパイにされた人の名誉回復は、当然だと思うと誰かが反論したら、青柳氏はどう応えただろうか。この場面を思い起こしながら、つい空想にふけってしまう。

だが青柳氏の存在は重い。元衆院議員としてではない。治安維持法の事件を担当した若き弁護士として、自らも獄中生活を送って弁護士資格を長らく剥奪された。治安維持法の受難者でもあったのである。治安維持法事件を精力的に担当した自由法曹団では、布施辰治氏を始めとした多くの弁護士が同じ境遇を強いられた。

この日の後に、どんなやりとりがあったのかは確認できない。かつてスパイとみなされたこの宮上氏は同年秋の会合にも参加した後に、1982年2月に73歳で急逝した。

西ドイツの元大統領・ヴァイツゼッカーの『荒れ野の四十年』を手放しで讃える人は多い。「過去に目をつむる者は、現在にも盲目であり、未来も同じ過ちを犯すだろう」という一節が知られている。しかし、社会運動の現場や関係者の場で同じように語るのは難しい。運動の側の誤りを指摘して過去の見直しをすることに、激しく反駁する人は常に多いからである。

それにしても、瀧澤氏・俣野氏ら救援活動家の声を「旧縁の会」で聞くことができた。青柳氏ら苦難の時代を生きた弁護士の謦咳に接する機会を持てた。若き日の幸運である。元自由法曹団団長の岡崎一夫氏が、慈顔で接してくれたことも忘れがたい。

100年の声に耳を傾ける

1985年から、30年代の左翼運動家への独自の聞き取りを始めた。前出の「旧縁の会」と、戦前の運動を担った当事者による「運動史研究会」から刺激を受けた上でのスタートである。共産青年同盟の活動家として治安維持法違反で捕らわれ、市ヶ谷刑務所でベートーヴェン研究に目覚めた小松雄一郎氏と仲間たちの軌跡を探索した。小松氏への独自の関心もある。マルクス主義の輝きを信じて左翼運動に没頭した、無数の人びとの一人が小松氏でもある。

このテーマは、まさに戦前・戦後の左翼運動史・日本共産党史と関わり、鋭い緊張感をはらむことも覚悟の上だった。同党に関わる全研究・全文献を視野に収めるのも当然である。

さて党創立100年に上梓された、中北浩爾氏の『日本共産党』は客観性と実証性を備えている点に注目した。国際的な視点からこの党の特質を位置づけて、社会民主主義党ないし民主的社会主義党への転換という2つの道を提示している点も刺激的である。

100年の歴史をたどる困難さを承知している。中北氏の労作の背後には、研究者・著作家・活動家の著作と証言が無数に存在する。それでも今なお未解明のテーマはおびただしい。

以下に、中北氏とは異なるスタイルで、活動家に注目して素描してみたい。紙幅は限られており、同党の苦難の時期である1930年代から55年に至る、激動の四半世紀を中心にしよう。自ら掘り起こして執筆した事実が多いけれど、後に知り得たことも追記する。

旧著『ある歓喜の歌――小松雄一郎　嵐の時代にベートーヴェンを求めて』は、小松氏を主人公にした群像評伝である。小松氏は1907年生まれで96年に逝去した。慶應義塾大で学生運動に参加した後に左翼運動家として、共産青年同盟の活動に身を投じた。戦後は京都府の党再建に携わり、徳田書記長、伊藤律氏らに近い立場である。その軌跡は戦前・戦後の運動史と党史と深い関わりを持っている。なお以下では敬称を略した。

〔マルクス主義の浸透度〕　1920年代以降のマルクス主義の影響力は、小松が学んだ慶應義塾でも明らかだった。RS（Reading Society, 読書会）に集う学生は多かった。原爆文学で知られる原民喜もその一人。さらに当時からスターリンに批判的な左翼学生もいた。この学びの場に集う学生の多さとは対照的に、学外の実践運動に参加した者は限られている。

教授・講師にはマルクス主義に精通した小泉信三もいれば、国粋主義者の蓑田胸喜もいた。板倉卓造、浅井清など権力を忌避する教授陣にも注目したい。板倉は「時事新報」で大杉栄らの虐殺を報じ、大学では国際法を講じた。特高について「あんな奴ら」と侮蔑して、相手にするなと小松に助言した。浅井は戦後の『あたらしい憲法のはなし』編纂の中心メンバーである。

〔最初の一歩〕　1931年、慶應義塾高等部の学制改革にともなうストライキが、小松らの左翼運動参加へのきっかけとなった。マルクス主義への関心はそれ以前からである。昭和初年における学生運動は活発で、1930年に授業料値上げ、学生処分に反対する運動は全国113校で起きていた。慶應義塾でのストライキが終結した頃、小松らに共産青年同盟の活動家村上多喜雄が接触してきた。それを契機にして、共産青年同盟の活動を始めた。学内には活動家が育って、小松はこの組織の中央で活動するようになる。

〔組織活動の実体〕1932年時点での共青の責任者・源五郎丸芳晴は、モスクワから帰国直後だった。タス通信の大倉旭への連絡役を務めた小松に「日本に帰ってきたが、組織は焼野が原のようなものだ」というメッセージを託した。小松が伝えた伝言の行方までは確認できないが、大倉がソ連への連絡を果たしていた事実は、中北浩爾が跡づけている。

「組織は焼野が原」とは、当時の非合法運動を象徴している。社会矛盾の激しさの中で、運動に参加する人は少なくない。だが弾圧も絶え間なかった。集会やデモの自由は存在せず、活動は限られた空間で進められ、街頭連絡が重要な役割を果たしていた。弾圧による穴埋めとして、学生がしばしば学園から引き抜かれて抜擢された。

当時の学生は左翼運動の大事な担い手である。だが奇妙なことに、学生運動に対する共青の期待は低かった。「社会主義革命における中農の中立化」というレーニンのテーゼを機械的に適用して、学生はプチブルとしての限界があるから、プロレタリア革命の際には中立的立場をとれば良いという判断だった。後に宮川寅雄（戦後は美術史家）と小松は、偏狭な方針を改革する。

当時の活動家は、ソ連の内実と運動の国際的力学に疎かった。左翼運動は日本を中心とした運動ではない。ソ連は戦前も戦後も地政学的な視点を重視して、その観点から役割を日本の運動に求め続けた。

〔スパイとの攻防〕当時の左翼運動は、官憲との闘いでもある。官憲はその運動内部にスパイを送り込み、運動を撹乱し破壊した。共青にはスパイが多いというのが、救援運動関係者の定評だった。三船留吉は、後に小林多喜二を売った著名スパイだが、１９３２年時点では共青の幹部を務めていた。三船が「帝国主義戦争反対のスローガンは歴史の必然に反対するものだ」というので、小松は不審を強めた。反戦の訴えを知らずに何をいうのかと思った。

だが、責任者の源五郎丸は（三船は）労働者出身だからと弁護して、小松は沈黙してしまった。労働者出身なので信頼できるとの趣旨だ。労働者階級こそ革命の担い手だという固定観念は強かった。三船を疑った活動家は他にもいて、組織から放逐するための襲撃計画も存在したが、三船は逃れた。多喜二を売り渡して、数か月後に運動から姿を消した。

警視庁特高課刑事・宮下弘は、同時期の共青の動向は筒抜けだったと証言した。手が空けば、すぐに誰かを引っ張ってこられたという。活動家は、検挙時に誰の手引きで捕らわれたかと疑心暗鬼になる。スパイは、仲間たちの絆を壊す点でも重宝された。宮下は拷問については詳細に語らず、選挙では無産政党に投票していたと筆者に教えてくれた。

官憲のテロルで虐殺された者の他に、逮捕後の病死者もおびただしい。小松の親友・藤本正平も26歳で病没した。小林多喜二や伊藤千代子のように、今も語られ続ける犠牲者はわずかである。

仲間を奪われたことで、スパイ・挑発者への怒りは燃え上がった。活動家の集中した東京では、官権・スパイとの死闘で組織を守ろうとしたが、勝敗の帰趨は明らかであった。小松を共青にオルグした村上多喜雄は、スパイと信じ込んで山田と名乗る全協活動家・尹基協《ユンギヒョプ》を殺害してしまった。

〔女性活動家として〕共青中央には女性活動家もいた。帯刀《たてわき》貞代（戦後も女性運動家）は、上京後に納豆売りをしながら、社会の二文字が記されている本を図書館で読み続けた。上京後からセクシャルハラスメントには直面している。もう一人の長谷川寿子（戦後は群馬県で村議）は、キリスト者への疑問を経て、左翼運動に参加した。マネキンガールとして著名な姉の支援で活動を続けた。横浜ドッグのスト支援で捕えられた際に、多くの沖仲仕の妻たちが売春をしている事実を知った。戸部署に移送されると竹刀やベルトで殴られ、全裸で逆さに吊されて陰部にタバコの火を押し付けられる拷問も受けた。房に戻された時に、衰弱の激しさに驚いた看守が刑事に抗議していたという。健康回復後に活動に復帰すると、共青指導者の乱脈な女性関係に接して幻滅を強めた。

〔獄中での通信〕帯刀・長谷川の二人は、1932年の逮捕後に市ヶ谷刑務所内で、かべ信号による交信を試みていた。アは1－1、イは1－2と、五十音図によって音をたたく回数を決めて、ごく簡単な意思を相手に伝えた。もっと意思疎通をしたくて、ワラ箒《ぼうき》のわらしべで歯茎を傷つけて血を出すと、チリ紙に文字を書き付けて相手に渡そうとした。発覚して懲罰房に入れられた。

同刑務所の一角で数年前には、細胞新聞が発行されるなど、信じがたい空間も存在していた。監視の厳しさは、時期と場所によって異なる。左翼人士の多くは、刑務所でも意気さかんで周囲を鼓舞し続け、獄外との連絡を試みる場合もあった。釧路刑務所にいた土屋祝郎（『紅萌ゆる』著者）は、差入れの本ののどの隙間に米粒で紙片を付着させて、獄外への連絡を長らく続けることに成功した。

〔天皇制批判・資本主義批判〕１９２２年７月に創立した日本共産党は、24年に一度解党している。第一次共産党の担い手の中には、以後共産党とは袂を分かった荒畑寒村、山川均、鈴木茂三郎らがいて、その多くが戦後の日本社会党へと結集することも周知である。

絶対主義的天皇制に一貫して反対した党として、日本共産党を讃える人は多いが、大逆事件の12年後に君主制廃止を掲げられるか否かは、大問題だった。これが創立から短期間での解党の主因になったことも、広く知られている。

伊藤晃が指摘したように、戦前期共産党の担い手は天皇制廃止のためにどう闘うのか、具体的なイメージは持てなかった。同党を弾圧する権力側は、天皇制批判とは非現実的だという一点を攻め立て、転向に追い込むことになった。

コミンテルンによる革命路線、たとえば27年テーゼや32年テーゼの思想的特質と欠陥について、活動家が検証することは困難だった。当時は海外の事情も不明である。弾圧を避ける方策や、大衆から遊離しない活動なども模索できなかった。ごく少数の担い手による組織で、活動を本格化すれば弾圧に見舞われる。その連続だった。

天皇制批判と同じく、資本主義批判でも立ち遅れた。『日本資本主義発達史講座』を非合法運動の担い手が学ぶ条件はない。そこに、1932年の経済情勢は記されていない。活動の第一線で忙殺されれば、学問研究から遠ざかる。永続的なジレンマである。ただ野呂栄太郎や小林多喜二などを筆頭にして、知的で有望な若者が運動の担い手となった時代である。

〔活動家と社会的排除〕マルクス主義への理論的傾倒だけであれば、官憲の弾圧を免れることもありえた。検挙歴を重ねれば、まるで意味は異なる。ただ検挙者の全員を起訴するはずもない。改悛の情と身元保証人は必須であるが。小松の伯父は、後に三井信託の会長を務めた島田盛雄なので最適の身元保証人だった。小松は一度や二度の検挙では懲りずに、運動を続けていく。

島田は、戦時中の同社の面接試験で青山学院の優秀な左翼学生・三田正治（国立町議・市議を経て国立倉庫を創業）を採用した。マルクス経済学の正しさを確信するなら、なぜ実践運動に参加しないのかと迫ってくる面接官は三田にとって驚きであり、生涯の謎であった。ただ他の大手企業でも、検挙歴を持つきわめて優秀な学生を採用した事例は存在している。

一方で、「おけさほど唯物論は広がらず」（戸坂潤）という言葉もあった。チャーチルは「25歳のとき左翼にならない人には心がない。35歳になってもまだ左翼のままの人には頭がない……」と語った。戦後しばらくはこの警句が語られ続けたが、今や忘れ去られている。

治安維持法下においても、人びとが支えあう空間は息づいていた。小松のベートーヴェン研究を励ましたのは、大塚金之助や兼常清佐《かねつねきよすけ》である。大塚は投獄された講座派の経済学者。兼常は天真爛漫で奇人の音楽評論家。ともに唯物論研究会に関わった。

〔敗戦時の実態と立ち遅れ〕戦時中に、この列島と植民地で抵抗を貫いた人びとの実数は不明である。共産党関係も重要だが、治安維持法違反者の広がりを意識すべきである。戦時中に監視された意外な集団として、石原莞爾らの東亜連盟の人びともいた。戦前の左翼としては、3派に分裂した合法無産政党関係も忘れてはならない。

共産党系の活動家の共通体験は限られている。活動分野をともにしても、街頭連絡では名前も尋ねられない。労働運動など大衆運動を経験していない人びとも多い。転向の内実も人さまざまだ。それらは、すべて非転向者への崇拝を強める要因になっていく。

〔自立会にて〕小松は、戦後共産党の再出発の拠点となった国分寺の自立会(府中刑務所を出獄した人を収容する施設)を訪ねた。政治犯釈放の10月10日から5日ほど後である。徳田球一が小松を激励して再び活動に復帰するように促した場面を、松本一三(「アカハタ」再刊の責任者)が目撃している。転向したが仲間には迷惑はかけていないという小松に、徳田は「ターク　ハラショー」とロシア語で応えながら満面の笑みになった。京都の党再建を担えと命じた。戦時中は京都在住でも、同地の運動とは無縁だった者への無謀な指令だ。だがありえない人事は、時代を越えて発令される。獄中18年に逆らえるはずはない。こうして最晩年の河上肇への挨拶から、京都での活動を始めた。

ちなみに徳田のロシア語は「何とすばらしい」ともとれるが、「そうであれば良いよ」と理解すべきだろうと長瀬隆の教示を受けた。

〔自立会余話と2つの共同体〕自立会の近くには被差別部落があった。出獄後の活動家はその人びとを尊重し、差別されてきた民も被抑圧階級の解放を求める党への親密さを示していた。それを伝える大野三留《みつる》（国労結成に参加した中央執行委員）の証言は貴重だ。第1回参院選挙に立候補して惜敗した大野は国分寺町議になり、三多摩地域に責任を負って苦難の時期もこの党を担っていく。

全国で、無名の献身的な活動家たちがこの党を担った。丸山眞男の規定する知識人の「悔恨共同体」にも多くの党員は存在し、戦後に再び苦難を背負う開拓農民の「開墾共同体」にもこの党の担い手はいた。1989年から上九一色村に進出したオウム真理教と、果敢に闘い続けた竹内精一もその一人である。

〔インターナショナル〕1923年に内務省によって禁止されたこの歌は、「ラララ行進曲」としてひそかに歌われ続けた。1946年2月の「野坂氏帰国歓迎人民大会」で小松らは、京都市音楽団にこの曲の演奏を要請した。海軍軍楽隊上がりの指揮者は、「荒城の月」ならば演奏できるというので、「何が『荒城の月』だ。こちとら日の出の勢いだ」と小松は気色ばんだ。社会党の辻井民之助（共産党創立時の一員）は、これは働く者の団結を歌った歌だと指揮者を説得してくれた。

音楽団との折衝役として、最適任の共産党員がいた。全京都吹奏楽連盟を高校教師として創った小柳《おやいず》津恒《ひさし》は音楽団の練習を見守った。その当日、この曲が演奏されると、会場からも歌声は響いたが、長らく禁じられた歌を歌えない人も多かった。フランス語で見事に歌ったのは栗原佑（京都帝大で学連の活動家）である。その美しい声に接して、小柳津は感慨に打たれた。栗原はこの時点で、モスクワに渡った山本懸蔵（39年粛清）の安否を案じていたことを宮西直輝に教えられた。

〔奇妙な選挙戦〕１９４６年４月の戦後第１回総選挙は、ユニークな選挙である。全国で一人一党的政党も含めて、政党数は３６３に達した。全国53選挙区の大選挙区制で、京都は2名連記だった。だが京都の共産党は候補者擁立に手間どり、三人も立候補した上で全員落選してしまった。医師・太田典礼は産児制限を公約の目玉にしたが次点だったので、社会党へ移った。残りの二人は山本宣治の従弟である医師・安田徳太郎と弁護士・小林為太郎《ためたろう》である。党組織も未整備のままで、政策も候補者ごとに異なる選挙戦だった。

〔党中央の実像〕この党の指導者も、敗戦後の激変に対応にできなかった。指導部内の関係性も微妙だった。「獄中18年」をともに耐えた志賀義雄に対して、しばしば徳田は叱責した。野坂の「愛される共産党」にも、徳田は露骨に反感を示した。野坂の天皇制論と、徳田の天皇制批判とは全く異質である。党分裂後の「所感派」の幹部間でもこの有様である。徳田の個性にも由来していたが、同党の最高幹部間でのフラットな関係性はむずかしい。

ところで、非合法活動への模索はいつ開始されたのか。その萌芽として、１９４７年12月の第６回党大会前日の秘密会議で、徳田は占領軍との闘いのために非合法活動への模索を提起している。細部は不明である。ソ連との連携を深めた幹部も含めて意識しておきたい。

１９４９年の総選挙での躍進で、９月革命という幻影は生じた。徳田は活動家を煽動した。ドッジ・ラインによる大量首切りに抗議する闘い、在日朝鮮人の運動も高揚した。レールの犬釘を抜くような尖鋭な闘い、ゼネストなど激烈な闘争をしたいと公言する志田重男のような幹部が党中央にも台頭する。51年綱領はソ連・中国からの押しつけとはいえ、その数年前からの運動の尖鋭化も意識しておきたい。

29年前の拙著でも50年分裂を記しているが、現在の学界での研究水準は下斗米伸夫『日本冷戦史』を参照されたい。広い視野で多くの重要資料を紹介している。国際共産主義運動とは、ソ連・中国が主人公の運動だった。日本の党に与えられた任務は苛酷だった。

〔白鳥事件〕29年前の拙著で、51年綱領による事件として描いている。ただ村上国治については、無実の可能性さえ示唆した。98年の川口孝夫の証言によって、事件像の修正をよぎなくされた。その後の何冊もの著作に現在は依拠すべきである。そもそも、関係者を国外へ逃がせという村上からのレポが存在していることを、はるか以前に報告した著作なども精査すべきであったと自省する。

だが捜査の歪みも明らかである。事件の有力な物証である銃弾は、偽造証拠であることが法廷で鋭く追及された。この裁判で「白鳥決定」がもたらされた意義も、忘れるべきではない。

誰がいかなる目的で白鳥巡査を狙撃したかは、大きな謎ではない。未決の課題とは何か。歴史への問い直しで何を見つめるべきか。大石進『私記 白鳥事件』は最も広い視野で描いている。

〔51年綱領〕脇田憲一の「私の山村工作隊体験」に若き日に魅せられた。脇田『朝鮮戦争と吹田・枚方事件』も見事な著作だ。だがこの書に猛然と挑む、芝房治『道 遙かなり奥吉野』の存在感にも一驚した。奈良の党組織の責任者として六全協にも参加し、この分裂期における誤った方針への自己批判を記している。脇田ら山村工作隊員とは異なり、その後の数十年間も山村の変革に関わり続けた者として反論する。党に至上価値を置く立場であるが、50年分裂期への自己批判、六全協参加者の証言としても注目に値する。

全党が火焔瓶闘争に参加したと誤解する人は多い。普通に会社勤めをする者もいれば、平和運動、文化活動、労働組合などでの活動も存在していた。『京浜の高炉から』という大著を著したのは、川崎の製鉄所の党細胞である。

〔党史への視点〕小松の戦後は、徳田球一に心服して、徳田・伊藤律らの下で活動した日々である。50年分裂期の一時期には、臨時中央指導部の議長を務めていたが、権力から監視を受け続ける日々だった。後に主流派内の内部抗争で軟禁されて、自己批判を強いられる。六全協前に運動を離れ、後に復党の勧めもあったが袴田里見はそれを妨害した。小松自身も復党を望まなかった。以後は在野のベートーヴェン研究者として半生を過ごしていく。

戦後の約十年は、活動に没頭してベートーヴェンからも遠ざかった日々なのである。

さて宮本顕治が率いる党の党史で、分裂期に対立した徳田・野坂・伊藤らへの批判を強調するのは自然である。だがその視点だけで、歴史を正確に描くことはできない。

同党の躍進を実現した宮本の功績は傑出しているが、敗戦直後の徳田も人びとを揺り動かした。当時の活動家で、「闘いは人民の信頼のもとに」と唱える徳田に魅せられた人は多い。理論ではなく、人民への惜しみなき献身をと徳田は強調した。家父長的指導という巨大な欠陥と同時に、魅力も備えていた。その影響を受けた人たちも、後に新指導者の宮本が率いる党を前進させたのである。徳田と宮本、二人の書記長に関わる連続面を意識したい。

伊藤の党史での評価に関連させて、以下の点も吟味したい。戦前では伊藤の自供がゾルゲ事件摘発の端緒になったという通説は、渡部富哉の探究によってかなり以前に覆されている。伊藤の社会運動家としての評価は功罪相半ばしても、中国が長期間幽閉したことは非人道的である。この点で野坂の責任は免れず、それを追認した党中央の判断は今も問われている。

旧著は、人びとの絆と歌声をたどりながら、左翼運動を新たな視点で描こうとした。社会運動にとって巨大な困難はあったが、社会変革への希望は輝いていた時代の記録である。

さて六全協から68年後の現在へと戻りたい。

・党史の優先順位

党史とは、この党の党員・支持者にとって何を意味しているのか。活動家は、生きる場で悩みや苦しみに出会う。社会の矛盾を洞察して、社会変革の意義を感じとっていく。活動の大半は定型的で、最初から独創的な視点を見出せるはずはない。

ただこの党は、出産や保育運動から高齢者運動まで多様な要求と運動に関わり、地域に根を張って人びとに接している。庶民のつぶやきや嘆きにも耳を傾けて、新たなアプローチを試みている。

２０２０年代の現在も、ジェンダー平等での池内沙織・元衆院議員の奮闘や校則問題での池川友一都議、痴漢被害問題での米倉春菜都議の質問は現実を動かしてきた。以上は映画「百年と希望」（西原孝至監督）でも描かれていた。「８時間働けばふつうに暮らせる社会へ」は、浅賀由香氏が提起して今や党の政策として定着している。

若き議員・候補者たちの発信はどれも斬新な提起である。この党の議員団が増えれば、社会に風穴を開けられる可能性を示している。

高齢世代では、池川都議が禁止に抗ったツーブロックを髪型だと知らない人もいるはずだ。天下国家を論じるのがこの党だと見なされがちなので、意外な話題である。

かつての講座派は、絶対主義天皇制に正面から対峙した。戦後はアメリカ帝国主義とその目下の同盟者である日本独占資本を打倒して、民主主義革命を実現すると訴えてきた。この党は、尖鋭な現状分析と国家権力の変革を訴えて一定の知的尊敬を集め、同時に強い批判も浴びてきた。

だが国家権力の奪取＝レーニン型の革命像を受け継ぐだけでなく、人民的議会主義へと舵を切ったのは、もう半世紀以上も前である。革命政党として自己規定をしている一方で、長らく以前から地域では護民官的政党である。この間の変化も興味深い。長年の訴えである女性の権利向上、男女平等と近年のジェンダー平等との間には、明らかな差違も存在している。世界のフェミニズム思想と運動からも真摯に学んで、新たなアプローチを切り開いた。

活動家は、現在の国内情勢と生きる場での問題点をリアルにつかんで運動を提起する。読むべき資料は膨大にある。順番として党史は後回しになる。まして中北氏が参照した文献や資料にすべて目を通すのは、よほどの覚悟がなければできないことだ。

学生時代に、民青の活動で党史を学ぶ勉強会をした経験がある。参加者の一人は、党の正しさを押しつけられるようだと反発した。宮本委員長（当時）の暮らしぶり、趣味なども教えてほしいという質問をした。

だが指導役である先輩は、見事に受けて立った。宮本氏の趣味のライフル射撃は庶民的なスポーツであると擁護し、ペットはシェパードを飼っている。豪邸ではあるが、ヨーロッパの貴族の末裔にくらべれば質素すぎるなどと論陣を張ったのである。

さすが党員さんと敬服したが、今思えば「赤旗」と『ゼンボウ』を弁証法的に統一、いや単に折衷しただけだろうと推測する。いっそのこと、シェパードは飼い主にいつも忠実なのかと聞けば良かった。この日の学習会は不評だった。もっと情勢に即したテーマを学ぼうという結論になった。党の最高指導者についての情報公開は不可能だと、40数年前に自覚した。

現実の運動で重責を担っている人たちは、たえず目前の課題に忙殺されざるをえない。その点でのギャップも常に意識しておきたい。

一方、研究者世界にも誤解が存在するので、指摘しておきたい。党員・支持者が党史を断罪し、全否定する著作を書くことは稀である。ただ自らの職務や専門分野で、党史や党の公式見解とは異なる著作を発表するのは珍しくもない。「支持党派の違いが『現代史』における社会運動の評価に露骨に重なりあうような事態」が生じているとの道場親信氏の評価にも一定の妥当性はあるが、その例外は格別に珍しくもない。静岡県平和委員会で長年活動した谷中敦氏の著作などもその1つであり、前出の芝房治氏の一冊もすべてが党史の枠の中に収まらない。

社会運動史を描くことも、先行研究や著作を評価することも容易ではないのだ。当然であるが、それを痛感する。『日本共産党の八〇年』には書かれていない2つの事柄、70年代の青年学生運動に関わる新日和見主義事件と、平和運動に関わる84年の原水協問題について次に書いてみたい。

「新日和見主義」と批判された人びと

76年春に、大学での民青新同盟員歓迎合宿で「新日和見主義批判」の講義を聞いた。不思議な講義だった。彼らが組織拡大を軽視していた点などは指摘された。だが彼らとは誰であるかも、語られなかった。

講義の後の休憩時間に、ある先輩に質問したことを記憶している。その時点で初めて、再建全学連委員長を経て民青中央常任委員を務めた川上徹氏の名前を聞いた。有名な人だったという。その後も氏の名前は気がかりだった。『新日和見主義批判』という党中央による一冊も後に眼を通したが、釈然としなかった。後年に川上氏と出会って、85年に事実経過を知ることになった。

根っこにあるのは、党と大衆団体との確執である。1972年5月に、川上氏ら民青幹部などの活動家が査問された。その直接の要因は、民青同盟員の卒業年齢を28歳から25歳に引き下げるという党中央の方針に対して、全国の民青幹部が強く異議を唱えたことである。それを党中央への反乱とみなして、党中央は査問を開始した。もっとも、そのかなり以前から党勢拡大と選挙勝利を前面に掲げる党中央の方針と異質のスタンスを、民青幹部は模索していたとみられる。これらも含めて、党員として忠実でないと断定した党中央によって、査問は続けられた。分派活動や朝鮮労働党との関係も疑っていた。最長の拘束期間は、2週間という長期間である。

1972年とは、年末の総選挙でこの党が大躍進した年である。その前段で、青年学生運動の幹部活動家を始めにした人びとが査問されて、指導部から追放される秘史が存在していた。民青の場合には、108名の中央委員の中で30名が解任された。

川上氏は97年に『査問』を上梓し、油井喜夫氏も何冊もの著書でこの事件を告発してきた。メディアの取材に不破委員長（当時）が答えた経緯もあり、世間に初めて広く知られていった。

1960年代末からの民青機関誌『青年運動』に掲載された、川上氏や香月徹（高野孟）氏の原稿を85年に読んでみた。紋切り型ではなく、運動のあり方を模索し続ける優れた活動家のセンスを感じとれた。

85年当時の筆者は、奇しくも1930年代初頭の共産青年同盟、民青の大先輩たちについて探索していた。国家権力によって転向をよぎなくされた活動家の軌跡である。1972年の活動家たちは、「導きの党」であるはずの党中央による苛酷な査問によって、ほぼすべてが専従活動家の地位を追われたと推察される。だがその人びとの大部分は、85年時点でなおも活動家であり続けているのだと聞いて、強い感慨を禁じ得なかった。

党と民青との対立点とは、民青幹部の卒業年齢問題だけではない。どうすれば魅力ある運動を創っていけるかを、青年学生運動の幹部たちは模索していた。党機関紙の拡大や選挙での票読みや動員が常に最優先される方針によって、運動の前進は可能なのだろうか。筆者の世代でも、多くの活動家が自問自答していたその問いを、先輩諸氏はすでに示していた。それも査問と無関係ではないと知って、強く驚かされた。

戦前からの社会運動史の文脈も意識する者として、党と大衆団体である民青との間に摩擦と衝突はありうると判断する。指導と被指導とは微妙である。親子間に深刻な問題が発生するのが、世の常である。さらに半世紀前には、現在ではパワハラとみなされる言動が社会の至る所でまかりとおっていた。激しいやりとり程度ならば、何の驚きもない。

ただ長期間の拘束による査問とは、あまりにも非人道的である。宮本委員長が直々に当事者と面談して、『前衛』に批判論文を書けば良い。徳田書記長の家父長的指導を批判してきた者として、ありえない対応だったといえる。

権力はそれにつけ込んだ。組織内に潜入させていたスパイによる撹乱工作を強めた。新日和見主義断罪キャンペーンの先頭に立っていた当時の民青大阪府委員長は、実は官憲のスパイだったという衝撃的な事実が後に明らかになり、筆者の世代でも広く意識されていた。ちなみに、佐藤氏は

『漂流 日本左翼史』で、国家権力のスパイという嫌疑で査問された人がいると記しているが、これは別の人への嫌疑であって事実ではない。何人もの活動家が執拗に問い質されたのは、朝鮮労働党との関わりである。だが全く根も葉もないことであった。

当時は、レーニン主義的な党組織論への疑問を持たない時代である。日和見主義をふたばのうちにつみ取るという宮本氏の視点は、レーニン自身が1921年のロシア共産党第10回大会で強調していた。ただ、2週間もの長期間拘束と苛酷な査問は、当時の社会の民度や庶民感覚からも許されまい。まして冤罪の源である権力による自白強要と、現象的には相通じる側面もある。ハラスメントのみならず、その点が問われていたと見るべきだろう。

以下のことは心に残っている。1988年に岩波ホールで、中国映画の「芙蓉鎮」（謝晋監督）が上映された。文化大革命下で苛酷な試練に遭遇した若者が描かれていたので、川上氏に映画の存在を伝えた。鑑賞した川上氏夫妻は、エンドロールの後も席から立ちあがれなかったと語ってくれた。「豚になっても生きろ」という台詞が何よりも心に突き刺さったという。

そういえば、新日和見主義事件で査問された一人には失職後に養豚場で働いたA氏もいた。一度世話になった。さらにこの事件は、査問されなかった人も傷つけた。川上氏の『査問』で、同じ思いを持ちながら査問されなかったB氏の苦衷を描いている場面も印象深い。その人が、苦しみとともに何度も歌い続けたのは『国際学生連盟の歌』であった。この人とも面識を持っていた。

この事件で組織の幹部から追放された人たちの何人かと、筆者は出会っている。だが当事者や家族の苦悩を深く知りうる立場にもない。76年に事件を間接情報で初めて知った者は、世代も全く違うのだ。この事件に立ちいれる関係性ではないことを自覚する。

『素描・1960年代』で、川上氏は分派活動の存在を認めた。前著に記されなかった新事実なので驚いた。たしかに分派的な小集団があった。ただ悪質な分派とは思えなかった。分派を一括りに悪と断罪する視点は昔は当然だった。だが時代は流れる。同書刊行の2007年の時点ではインターネットも普及しており、分派などという概念もゆらぎ始めていたのである。

翻ってみれば、97年刊行の『査問』でも、刊行の少し前までの草稿で査問の実像は描かれていなかった。自著で何をどこまで書くかは、どんな著者でも迷い続ける。批判も覚悟の上だろう。

ただ受難者の一人である油井喜夫氏は『実相』にて、分派は許されないと川上氏を批判している。自らは冤罪の被害者だと主張していることを、公平を期すために記しておきたい。また川上・油井両氏以外にも当事者の証言は残されている。それらを読めば、当事者がどのような試練に直面したかを詳細に知ることができよう。

いずれ刊行される『日本共産党の百年』では、この事件での党中央の対応を改めて検証してほしい。「親」と「子」の関係性の下でも、過ちがあれば反省すべきであろう。「自由と民主主義の宣言」に希望を抱いた世代の一人として、その数年前に党本部内で起きていた事実の重さについて、高齢世代になった今も意識し続けている。

70年代後半以降の青年学生運動の後退と、この事件との因果関係をどう見るべきなのか。民青幹部の卒業年次を早めて、プラスになったという評価は聞いたことがない。有能な幹部が査問によって、専従活動家から一掃された巨大なマイナスを指摘する声もある。

専従活動家の自由な発言へのブレーキとなり、一枚岩の組織が当然視される布石になったのであれば、その後遺症は大きいのだ。この問題を経て、党中央は青年学生運動へのてこ入れを強めていくが、それは後の世代の活動家の負荷を増していった。

巨視的に見れば、70年代後半以降に青年学生運動が鎮静化するのは当然である。オイルショック後に急激に保守化する、社会意識の反映でもあった。まさに針の穴を通すような柔軟さと賢さがなければ、運動の著しい後退は食い止められなかっただろう。だからといって、新日和見主義問題のダメージを過小評価すべきではあるまい。

今や時代は、70年代とは隔絶している。なぜ抑圧に耐え続けてまで活動家であり続けようとしたのか。当事者たちの思いは、全く理解されにくい時代へと転じている。

原水協問題との距離感

1984年の原水協問題とは、統一世界大会の開催も危ぶまれた混乱であるが、今では忘れ去られつつある。60年代前半の原水禁運動の分裂は、社会主義国の核実験や部分的核実験停止条約の評価という大問題に関わっていた。大江健三郎『ヒロシマ・ノート』も、当時の事情を伝える。だが84年の問題は原水協内部の混乱という側面も強いので、世間の認知度は低かった。

77年以降に、統一世界大会は開催されていた。ただ80年の社公合意によって社共両党関係は最悪の局面になり、総評内での主流派と反主流派の対立も強まった。世界では米ソの核軍拡競争が進行していた。前年には大韓航空機撃墜事件も起きている。今や核戦争3分前という強い危機感を、筆者も持っていた。社会での反核平和運動への関心も高まっていたが、原水爆禁止運動の現場では薄氷を踏む努力が続けられていた。統一世界大会は順風満帆ではないことを、82年から自覚していた。今思えば、77年以降の運動の統一のリアルな姿をさらに深く学んでおくべきだった。

そもそも、学生時代から被爆体験と反核運動への関心を持っていた。『ヒロシマ・ノート』に記されている原水協のセクト主義を支持したことはない。84年時点で日本原水協との関わりは機関紙を読んでいただけ。ただ統一世界大会にも関わっている久保文・木下英両夫氏と82年に知りあい、二人を中心とする読書会や「忘れまいて『核』問題討論会」などの反核講演会にも参加していた。

久保氏は当時70代で、原水協の理事も務めていた。木下氏は横浜国大の教員（倫理学）で反核を求める市民の息吹をミニコミ紙「一寸の虫」として刊行していた。ともに哲学者・古在由重氏との深い縁を持つ人である。酒を愛する久保氏の魅力的な人柄は、山田稔氏の『八十二歳のガールフレンド』にも描かれている。久保氏の一族の話題も、統一世界大会の舞台裏も興味深い話だった。

84年春から事態は緊迫化した。「赤旗」に総評と原水禁を原水禁運動統一の妨害者と規定する論文が掲載された。同時期の5月の紙面で、平和行進をめぐって混乱が起きていることは読みとれた。平和委員会の森賢一事務局長が6月に解任された。同時に原水協の吉田嘉清事務局長らへの批判も猛烈に強まっていた。読者には寝耳に水の話だったはずだ。

統一世界大会を準備する準備委員会の場で、原水協や平和委員会の代表者が原水禁・総評側に迎合・屈服したとして、自陣営から批判されていくというのが紛糾の構図である。この実行委員会には青年団・生協・地婦連などを始めとした多くの市民団体が参加していた。もちろん原水禁と総評も構成団体である。

主要な論争点の1つに、平和行進における団体旗自粛問題があった。この問題の表面化はこの年が初めてではない。総評側には（組織内の反主流派・共産党系とみなされる）統一労組懇への反発から、彼らの行動にブレーキをかけたいという本音があった。その軋轢で平和行進もなかなか出発できずにいた。難局を打開するために団体旗自粛という方向が市民団体から提起されて、運営委員会の場では合意されていたのである。

だが平和行進が出発した後に、団体旗の自粛は許されないというキャンペーンが「赤旗」などで始まり、原水協側からその合意への破棄通告がなされた。さすがに市民団体側は、非常識なその対応に強い反発を示した。その過程で、そもそも森氏と吉田氏が自粛を勝手に受け入れたのだ。吉田氏らの責任を問うべきという批判は強まった。何とも迅速なことに、6月末に原水協の全国理事会が「緊急開催」されて、吉田氏らはすぐに解任されてしまった。その他の論点として、反トマホークの統一行動と共闘を実現するための恒常的組織の問題もあった。原水協では吉田氏と草野信男理事長が悪いという構図で「赤旗」の報道は激しさを増した。「朝日新聞」などでは異なる視点からの報道が続いていた。

緻密にこの両紙を読み比べてみた。資料も探索してみた。結論として、朝日の報道が正確であると思えた。森氏と吉田氏の独断専行、組織方針からの逸脱という根拠は見出せなかった。多くの市民団体も参加する場での混乱である。原水協と原水禁との対立も困るが、原水協の内部問題で混乱するのは不正常だ。何とか状況を打開してほしいと思った。

古在由重氏は運営委員会の場で、吉田氏を擁護する趣旨の発言をしたとして責任を追及され、後に共産党から除籍処分になった。原水協理事会で6月末に「解任」された後も、吉田氏と草野氏は世界大会準備委員会運営委員会のメンバーだった。紛糾は続いた。ついに、統一世界大会も終焉を迎える。そういえば春から憂鬱感も強めて、筆者は精神科への通院を再開していた。

中野好夫氏の苦悩、統一世界大会、平和事務所

森まゆみ氏は『暗い時代の人々』で、古在氏との縁も記している。1984年の原水禁運動での古在氏の姿勢に言及した前段で、親しかった粟田賢三氏や中野好夫氏らも古在氏より早く逝去していたことを記している。順番としてはその通りである。ただ大事なポイントであるが、84年時点で両氏は健在だった。中野氏は、暗礁に乗り上げた統一世界大会を開催するために心身を磨り減らした。古在氏を支える年下の仲間たちもいた。

だが粟田氏も含めて、氏の身近な人たちの多くは、この問題の非当事者にすぎない。その立場で局面を打開できる力はあっただろうか。森氏の叙述から改めてその困難さを自覚する。

当時、多くの人とこの話題を語った。共産党に柔軟な姿勢を求める人は多かった。だが口をはさむには勇気を要する。原水協の内部問題だと反論される。会社でも他のセクションの人事や決定に部外者が口を挟めるものか。ベトナム反戦運動やチリ人民連帯運動の支援とはレベルが違う。子ども時代から応援してきた党を、真正面から批判する。それは筆者にとっても重大な決断だった。

焦燥感を強めていた。7月19日「朝日新聞」の論壇に、熊谷徳一氏（戦後初期の日産自動車の組合活動家）が投稿していた。安保条約の危険性を軽視し、アメリカの許容する平和運動へとなびいていると総評を批判しながら、混乱打開のためには共産党にも自重を求めていた。同党は中野氏の裁定に従うべきと提言していた。前半部分は熊谷氏と同意見ではないが、後半については共感した。気骨ある党員の存在を知った。だがこの投稿も党中央から厳しく批判された。

その翌日、7月20日という土壇場で世界大会は急転直下で開催できることになった。この日、池之端文化センターでの世界大会準備委員会運営委員会を筆者も傍聴していた。中野好夫氏から、吉田・草野両氏は世界大会開催のために準備委員の辞任を表明したことが報告された場面を自ら確認した。氏の口調はやや重たかったことと、出席者の表情も一様ではなかったことを記憶している。

ちなみに、岩倉博『ある哲学者の軌跡――古在由重と仲間たち』は7月20日に至る過程も詳細に描いた労作である。だが、複数の重要人物の氏名に誤りがあるので、驚かされた。歴史を正しく伝えることは、むずかしい。筆者もこの渦中の一部を知るにすぎない。

さて大事なことは別にある。7月20日から、ちょうど7か月後に中野氏は85歳で生涯を閉じた。最晩年まで、統一世界大会のために真摯な努力を続けた氏に、心からの哀悼を捧げた。

この7月20日のしばらく後に、木下氏と話した。政党や労働組合などではなく、個人の運動こそ大事であると「中国新聞」の8月6日の社説を紹介しながら語っていた。氏の持論だった。

後日に、新たな運動体である平和事務所のスタートを聞いた。「赤旗」は反原水協の拠点という規定であるが、筆者の認識は異なる。原水協での混乱は、吉田氏らの追放でもう勝負が付いたのだ。別のステージでの模索だろう。「赤旗」を鵜呑みにしない以上、この事務所を自らの眼で確認しなければと思った。

この事務所で多くの人と出会ったが、組織の動員型ではない運動を志向する人は多かった。個の輝きを感じとれる人と知り合った。横須賀で地道な活動を今も続けている服部翠氏もその一人だ。原水協を退職した山下史氏の快活な人柄と卓越した英語力の印象も強い。反原水協の空間ではない。小さな空間である。ニュースレターの編集も、一時期手伝った。この事務所による「草の根平和の集い」の呼びかけ人は、新村猛氏（名古屋大学名誉教授、仏文学・言語学）と安井田鶴子氏（平和運動家）である。新村氏は穏やかな外見でも強靭な人だった。

活動に参加した時期は限られているが、大組織とは異なる運動を意識する機会になった。ただ筆者などに、この事務所の軌跡を語る資格はない。後には、バルト3国のチェルノブイリ被災者の救援でも注目すべき活動を続ける。

川上徹氏に初めて会ったのも、この事務所だった。この事務所への支援について、親友から批判されている。その友は重病だと語った氏のまなざしを忘れない。その友、日高教（日本高等学校教職員区組合）書記長の今村彰氏への感動的な弔辞は、85年の『もう一度、船をだせ』に掲載された。

長らく古在氏から学び、氏の大事な仲間だった川上氏は、後に藤田省三氏にも学んで自らの思想的地平を開拓していく。若き日に対決した他党派の活動家との対話も続けた。専従活動家の道を選んだ軌跡をふまえ、1960年代を見つめ続けた点はとりわけ印象深い。ただ氏の60年代から70年代への社会像（『素描・1960年代』）と、本書の問題意識は異質である。世代も違う。新日和見主義事件の受難者として、晩年まで視野を広げていった氏に敬服している。

党幹部の底力

平和事務所には、冗談半分なのか筆者を共産党のスパイと疑う人が一人いたようだ。党本部にしばしば電話していたのは事実だが、84年夏までの時期である。同党のスタンスは間違っている。この方針を強行すれば党への信頼感は崩壊する。今からでも軌道修正してほしいという思いだった。「赤旗」の記事に抗議した際には、記者と口論になった。だが平和問題対策委員会の電話対応は、一貫してまともだった。議論は平行線だったが、須田博氏（後に平和委員会事務局長）の誠実な対応を忘れない。より年長の水口春喜氏は迫力ある声で、26歳の私とは役者がまるで違うことを感じた。当たり前だ。中央委員である。共産党の誤りを指摘すると、自分はそう思わない。そう思うならばその批判を一生貫き通せば良いといった記憶がある。見くびるような態度ではなかった。

水口氏は戦時中に満州建国大学で学んだエリートで、敗戦後は京都大学で活動に献身した人だと後に知った。新日和見主義事件では、同盟員年齢の引き下げに反対する民青幹部への批判論文を執筆している。困難な局面で表面に立たされた人なのだ。

同委員会責任者の小森良夫氏は、電話などは取らない。東大卒業後、世界労連の仕事でプラハへ赴任した。財界人の品川正治氏が終生の友として全幅の信頼を寄せていた点でも、折り紙付きの中央委員である。遺著『市民はいかにして戦争に動員されるか』も見識と底力を感じさせた。

これらの諸氏は、格別に優秀で叩き上げの活動も経ている。困難な現場を担える適任者であろう。この党と鋭く対峙した局面で、わが行く手に立ちはだかる巌が分厚く峻厳であることを自覚した。だが礼賛すまい。党による運動を構想することがお役目である。当時の時代状況をふまえても、前衛党としての管制機能が強すぎると考えていた。

金子満広氏こそ、党中央の最強硬派とみなされていた。国鉄労働者出身の最高幹部である。84年に平和問題対策委員会責任者に氏が就仕してから、状況は悪化したとみなす人は多かった。2歳年上の金子氏はいつも対抗心をむき出しにするのだと、吉田氏もぼやいていた。

後年に、金子氏と偶然に出会った。区議選に立候補した後輩の激励会である。二次会に向かう際に下町の商店街を通ると、どの店からも店主たちが懐かしげに引退後の氏に駆け寄ってくる。名前の功徳も実に大きいだろうが、人望のある政治家だったことを痛感した。

最高責任者の宮本氏は、77年に至近距離で見ている。ラグビーファンなので、頑丈そうなその体躯から勝手にフォワード第1列の適任者と思ってしまった。

宮本氏は、統一戦線の場では参加団体の対等・平等にこだわり続けた。自党系の大衆団体との関係ではまるで違う。党の指導に大衆団体は従うべきという旧式のセンスで一貫していた。以上、84年に筆者が意識し続けた人たちの現時点での寸描である。

非戦への思いは大海原

筆者の反省点も多い。視野が狭まっていた。事実だけにこだわって朝日○、赤旗×とみなしていた。そもそも原水協＝共産党系、原水禁＝社会党系とするメディアの規定も大雑把である。党派と無縁の市民も多く、双方に協力する人も多いのである。

今は、戦後日本の非戦・平和意識を大海原ととらえたい。岩礁地帯などに原水禁運動は点在しても、広大な海の一角にすぎない。運動参加者は常に入れ替わっていく。

まず運動ありきではない。戦死の報せを受けた遺族の悲しみがあり、全国での空襲と沖縄戦と原爆投下を経ている。遺体収容に従事した人たちの苦労もある。それでも内外で放置された亡骸はおびただしい。まず消息の確認と慰霊は欠かせない。加害責任や植民地支配への反省を示せる人は少数である。原水協か原水禁かと二者択一でとらえる視点は説得的でない。

１９５６年に原爆被害者が起ち上がった先頭には、藤居平一氏がいた。広島の民生委員のリーダー、保守派の快男児である。日本被団協の初代事務局長を務めた。多様性と矛盾を抱えていた運動を熟知している。原水禁運動は最初から分裂していたことを、信頼する宇吹暁氏（ヒロシマ戦後史の第一人者）に述べている。藤居氏の視点はリアルだったといえよう。

岩礁をはいずり回る一匹のフナムシ、私はその程度の存在にすぎない。この84年6月、イタリア共産党のベルリンゲル書記長が62歳で逝去した。ユーロコミュニズムの希望と日本の現実との巨大な落差を痛感する中で、わが精神も変調を来して苦しかった。同年の映画『Wの悲劇』を数年前に初めて見た。薬師丸ひろ子の姿に、政治と関わらない若者の輝きを見た。

だが、当時の異議申し立てを誤りとは思っていない。今さら水口氏に報告する術はないが、当時のスタンスを私は貫き通した。２０１５年以降に、「市民と野党の共闘」の新方針への転換を日本共産党は果たした。党への批判にも寛容になってきたのだった……。ただ84年の時点でもそのスタンスで進んでほしいと訴え続けていた者は、決して希ではなかった。

負の体験を生み出さない組織へ

原水協問題とは、運動の高揚期に起きた点に注目しておきたい。82年のＳＳＤⅡ（第2回国連軍縮特別総会）に向けた署名数は戦後最多だったと、朝日新聞記者として長らく反核運動を担当していた岩垂弘氏は明らかにしている。5月の東京での平和行動には約40万人が参加した。新たな市民運動も続々と生まれる一方で、労働組合の動員力も健在だった。

運動の飛躍の一方で、団体間での緊張関係は増していた。そのさなかで自分たちの運動だけを本流と規定すれば、第三者には傲慢とみなされる。冷静さを失っていたといえる。

幸か不幸か、もはやこの種の事例は再現されにくい。社会運動は著しく鎮静化している。何か問題が発生すれば、ＳＮＳでの拡散で社会的な関心を集めてしまう時代になった。

共産党にとっては、１９７２年も84年も前衛党規定が健在だった時期である。規約には「労働者階級の前衛部隊」という表現があり、「下級は上級に従い」と明記されていた。党と大衆団体や知識人との緊張関係は、随所で表面化していた。政治路線でも、他の野党に対して容赦なく批判を続けていた。

現在の状況は異なる。綱領・規約での規定も変わった。他の野党を尊重している。この党の支持層でも、日本国憲法第13条の個人の尊重は広く知られてきた。この党内では憲法は適用されずなどと口が裂けてもいえない。抑圧的な姿勢はとらないという自覚を強めているのが当然である。ただ政治と社会運動は生ものである。地方議会の議員団での対立などは、外部に公表されにくい。事柄の性格上、迅速な対応を要する事例もあり、時に不適切な対応もありうる。

伸びやかな組織へと脱皮する速度が問われている。「自由と平和」をまっすぐつらぬく党ならば、自由と民主主義を組織内で保証していく。個性をつぶさない。多様な意見を尊重して、指導部に批判的な少数意見も公表できる。その上で求心力を大事にする。多様性を持つ人たちの開かれた共同体へと成長していくのだ。その努力を拒むならば、生き残っていけない。

民主的という語は、活動家の常套句である。その昔は、社会変革を希求するという意味だけで使用できた。今やそれだけでは不十分で、組織運営のセンスこそが問われている。

戦前の運動を省みた瀧澤一郎氏の示した自己査察制度が、今こそ求められている。多くの企業でも改革を進めてきた。社会運動も揺れ動く現実の中で、選択と決断を迫られる。活動家も誤りは避けられない。1つの誤りでただちに党から排斥すれば、世代的継承も困難になる。慎重すぎて、何の挑戦もしないのも困る。それらも意識して自己査察制度をどう構築するか

永遠の難問である。多様な声を発信できる制度的保障として、討論の広場を機関紙上や電子版で実現することはすぐ可能だ。それに対して訴願委員会の改革などは、可視化しづらい領域だ。当事者の声を、最大限聞き取る制度を実現する。カウンセラーなどの専門家の力も借りる制度設計も必要である。何よりも大事なのは、弁護人ぬき裁判をしないことだ。当事者を支える人たちの声を聞きとって、着地点を見つけていく。訣別を避けて、常に再結集を可能にしていく文化を育んでいきたい。

新型コロナウイルスの現局面やワクチンの有効性は、専門家間でも多様な見解がある。党員・支持者間でも同様である。ワクチンを拒む人も少なくない。ウクライナ戦争でのアメリカの責任をどう見るかも、意見は分岐している。多様な意見を尊重して連帯を求め続けたい。

この文脈で、有田芳生氏の体験を忘却できない。有田氏は、『文化評論』1981年1月号で小田実氏と上田耕一郎氏の対談「歴史の転換点にたって」を実現した新日本出版社の編集者だった。数年後に小田氏による共産党批判が強まった時点で、有田氏への査問が開始されて職場を追われた。これ自体が不当だ。後に『日本共産党への手紙』の編者として党から除籍された。

いずれも刊行時に読んでいるが、見事な企画である。とりわけ後者は社会運動に長らく関わって

きた知識人たちも多く、深いまなざしによる提言は感銘深かった。

万人に讃えられる書物はない。『日本共産党への手紙』を批判するのも自由だ。当時の党中央からの批判には賛同できないが、党としての反論はありえる。ただ企画立案と編者であるゆえに、有田氏を処分したことは間違いである。

創立100年の時点で、有田氏はその事実を簡潔に語りつつ、高い品性でこの党への期待も語っていた。ライフワークの統一教会問題で、今も活躍を続けている。その著書の広告を、党機関紙が掲載していることは適切である。

現在の党指導部は賢明である。小田氏との関係で有田氏を排斥した論理を永久不変に正しいとみなせば、河邑重光『反共市民主義批判』を前面に押し出すことになる。後に赤旗編集局長も務めた有能な河邑氏である。その小田実氏批判は、微に入り細をうがっている。だが市民と野党の共闘を求める2015年以降の方針とのギャップは、大きすぎるのだ。

宮本顕治氏とその時代

党史に関心の強い一人として、歴代の委員長にも注目してきた。各氏の軌跡をたどりながら自由闊達に描いてみたい。ここでも池上・佐藤両氏にお任せするわけにはいかない。

〔風雪に耐えて〕宮本顕治氏には、特高警察による拷問の後遺症がある。支配権力や敵対者との

「ノーサイド」は氏の辞書には存在しない。ただ若き日に読んだ氏の一文を記憶している。第8回大会時に、党と袂を分かつに際して宮本氏に挨拶に来た内藤知周氏らを描いていた。「いずれ数年したら一緒に活動できる」という言葉に、そうはいかないと応えた場面である。初読時には大らかさを感じさせる筆致に思えた。再読すればとんでもない。彼らの分派活動をつかんだ上で、宮本氏は厳しく警告している。当時の読後感は甘すぎたと自覚することになった。

20歳の頃に観た、映画「人間の條件」（小林正樹監督）での一場面は忘れない。悪玉役者・安部徹氏の演じる憲兵が、中国戦線での捕虜を虐殺しようとして、中国人民から「人殺し」という地鳴りのような抗議に立ち往生する場面だ。安部氏と宮本氏は似ていると思った。憲兵は中国人民から「人殺し」と指弾され、宮本氏は40数年前のスパイ査問事件で「人殺し」と攻撃されていた。存在は真逆であるのに、同じ指弾を浴びている。この人を守れるか。その党を擁護できるか。映画を観ているのに、別空間に迷いこんでしまった。

治安維持法下で、類似の事例は存在した。かつての自著では、スパイと誤認して仲間を殺害してしまった活動家について書いた。宮本氏らの事例はそれと同一ではない。当時の時代状況を無視して、この党を攻撃しようとして宮本氏を断罪する視点には同調できない。まずは加藤周一氏も示していた、１９３０年代の天皇制国家の暴虐なる弾圧と人権侵害によって、社会運動が強いられた苦難であるという文脈で、スパイ査問事件を認識したい。

スパイ査問の現場にいて、後に精神を病んだ人もいる。宮本氏の強靭さは図抜けていた。氏が実践運動に参加した時期は、街頭連絡などのわずかな接点で組織と活動を維持するだけで精一杯だった。人間を信じすぎれば、組織は壊滅する。至る所に、スパイと挑発者は潜入しているのだ。その警戒心は、氏の心と身体に刻み込まれていく。

9歳年長の宮本百合子の存在は、氏の絶大なる支えだった。『十二年の手紙』もそれを示している。一切の供述を拒みえた宮本氏の強靭な精神力に脱帽する。極刑もありうる局面とはいえ、ここでも卓越さは示された。司法権力も、百合子の夫を殺すわけにはいかなかった。

戦後も順風満帆ではない。長期の獄中生活を経た宮本氏も、敗戦後の激変に対応しきれない局面があった。統制委員会議長としての氏は、団体等規正令に基づく党員名簿の提出に危機感を表明していない。レッドパージはもちろんGHQと日本政府の責任を追及すべきだが、党の対応の弱点もあった。これは党史にも明記されている。

後年の自主独立の旗手である宮本氏も、1950年の時点ではソ連共産党の国際的権威を強く擁護していた。それはかつての自著にも書いているが、1950年では不思議のないことと言える。とはいえ、分裂期に党内対立の混乱からやや距離を取っていたので、六全協後の党再建過程でキーパーソンになるのは当然だった。所感派（主流派）の志田・国際派の宮本というコンビで分裂克服へと始動するが、志田氏はすぐ失脚し、宮本氏は58年に書記長に就任する。

〔革命論と社会主義〕　宮本氏の『日本革命の展望』には、忘れがたい一節がある。81か国共産党・労働者党の代表の参加による、1960年のモスクワ会議の「声明」への讃歌である。

「これらの諸命題をつらぬく壮大な交響曲は、世界の共産主義の勝利、社会主義世界体制と平和、民族独立、民主主義、社会主義のための諸運動の勝利をたからかにひびかせている」

この党は同会議を礼賛したわけではないが、この確信は61年綱領の源に刻まれている。

1989年の東欧革命の日々に、同書を改めて意識した。資本主義国で革命を実現させた事例として、戦後のチェコスロバキアの人民民主主義革命と称するクーデターを位置づけていた。89年のビロード革命で打倒されるまで、この体制は続いた。同年大晦日にプラハ・バーツラフ広場の数十万人の熱狂の中で友人と新年を迎えたが、宮本氏は当時何を考えていただろうか。

東欧革命は、共産党の61年綱領の妥当性を問い直していると私は考えていた。90年の第19回党大会直前の評論特集版には、全く同趣旨の意見も投稿されていたので、驚きとともに共感した。だが大会ではその問題意識は顧みられず、綱領の見直しはなされなかった。


〔剛胆と巧緻の指導者〕さて『日本革命の展望』では、51年綱領を強く意識していた。51年綱領の下での極左冒険主義を清算し、数年間の全党討議で制定した新綱領によって全党が団結する。それが61年の第8回党大会の意義である。「六全協後は国際派が優位になった」という池上氏の説(「朝日新聞」2022年4月9日)に無条件で同意することはできない。宮本体制の最高幹部で旧所感派の活動家はきわめて多いのである。

岡正芳氏は代表格である。1976年の全学連大会で鮮烈な印象を持った村上弘氏も同様である。氏は党分裂時に、大阪で軍事部門の責任者を務めていた。それは学生時代に知っていたが、1972年の衆院選初当選時の候補者パンフレットを数年前に確認して驚かされた。氏は深く悩んで活動家になった人なのだ。日記、妻への手紙も詩的な感性を示し、筆まめである。だが決断すれば一路邁進で、48年の阪神教育闘争への支援で軍事裁判の被告となった。党分裂時には、後に語れない任務を担った。76年の全学連大会での燃えたぎるアジテーションには、痛苦を乗り越えた者の情感も弾け飛んでいたのだろうか。

村上氏に立ちいった以上、宮本氏が50年問題を88年に論じた一節も紹介する。初読時には感慨を禁じ得なかった。

「それは直接、間接の経験者、何十万人という人々の確信と希望、絶望と挫折の入り混じった悲劇の局面だった。科学的社会主義の原則へのゆるがない信念による日本の革命運動の自主的再建の展望をつくり出すことで、この大きな悲劇を未来への光ある序曲に転ずることこそ、私たちの新しい生きがいだった」

氏は、旧「所感派」でも力量ある者を抜擢した。分裂した片側を排斥した党再建はありえない。70年代の遅くない時期に民主連合政府を実現する。その大目標に向けて活動家を奮起させる指導力を示したのだった。

宮本氏は、巧緻かつ狡智の視点も持てる人だ。政治家の大事な資質でもある。同党への攻撃は、戦前と戦後における苦難の時期の極左的行動に集中する。戦前のスパイ査問事件は、自身の政治生命に深く関わる。自らを守ることを党の第一義的課題として、党の総力を挙げて立花氏に反撃した。だがスパイ査問事件以上に深刻なのは、51年綱領下の極左冒険主義である。

〔党史を描く秘訣〕党中央として後に、以下のように定式化する。極左冒険主義は分裂した片側によるもので、現在の党とは無関係であるというスタンスだ。さらにこの定式は現在では「進化」して、極左冒険主義は徳田・野坂分派が行ったものであるとさらに具体的になり、51年綱領は綱領ではないことになり、51年文書と呼称まで変更している。

当時の多数派は明らかに徳田氏側なので、多数派が分派という認識である。宮本氏は誤った分派の諸氏を、六全協に至るまで一貫して批判していたのか。もし51年綱領という綱領が存在しなければ、六全協の存在も揺らいでしまう。現時点の党史像は、現代史の専門家が描く歴史像との隔たりが目立ってしまう。

暴力革命の党という攻撃に、反論しなければならない事情は理解している。ただ上記のように描けば、国際共産主義運動の権威に対して宮本氏は一貫して自立的だった。そして51年綱領に反対を貫いた。これらの誤解が生じかねない。通説では、国際派で最も先鋭的に徳田氏と対立した志賀義雄氏も含めて、ソ連・中国からの批判を受けて、当時の党中央（主流派）の指導に服して51年綱領にも賛成したことが確認されている。

分裂時の少数派である宮本氏が、書記長として党を再建した。その点で最大の功労者であることは自明である。ただその正しさを、50年時点までストレートに遡らせてしまうと不思議な歴史像になる。29年前の拙著でこの時期を記しているが、党防衛の意識の強さによって、かえって隘路に入り込んでしまう点を危惧する。志位委員長の党創立１００年記念講演は、この角度にさして固執していなかった点が幸いである。

50年問題とは、宮本氏の指摘どおりに悲劇だった。その総括と歴史の描き方には、慎重さが求められている。宮本氏の逝去後15年を過ぎても、今なお宮本氏の存在感は傑出していると言えよう。だが最大の盲点とは、同党の歴史像は50年問題の総括を見事に一方向に誘導していることだ。50年問題の教訓を、徳田氏らによる民主集中制の破壊と絞りこんでいるのだ。

もちろん一定の根拠は存在している。1950年1月のコミンフォルム批判以後に、徳田氏らは、宮本氏らに無断で地下活動へ潜行してしまった。それ以前から国際派への反発は昂じており、党の実質的な分裂は始まっていた。これらの徳田氏側の思いは、筆者も聴きとってきた。だからといって、徳田氏らの行動を正当化することにはならない。

ただ歴史の教訓とはその一点であろうか。たしかに敗戦直後の党は、組織的にも未整備で混乱していた。党内では幹部間の理論問題での論争や、徳田氏への名指しの批判もあった。時に徳田氏の専横も露わだったが、党内もエネルギーにあふれていた。それは社会の混乱と人びとの渇望とも大いに関係している。分派闘争の激しさも、その時代状況の産物であるのだ。

それを徳田氏らによる民主集中制の破壊で総括するのは、一面的である。敗戦直後の共産党の欠陥とは、アメリカの占領政策との対峙、コミンフォルムとの関係において全党が的確な方針を持てなかった点である。さらに綱領（テーゼ）とは、戦前から常にソ連から日本に持ち込まれてきた点も重大である。

以上の全体像をふまえずに、民主集中制の破壊という一点だけで党史を総括すべきではない。ただ慧眼の宮本氏は、この視点を強調すれば圧倒的多数の党員を説得できることを見抜いていた。こうして徳田時代と異なる党をめざす党中央の威信は高められていった。

さて1961年の第8回大会時点で、極左冒険主義の総括と同時に、社会への発信と謝罪をすべきだったという見解はありうる。ただ当該期に関わる裁判も係争中だった。宮本書記長（当時）に、西ドイツのヴァイツゼッカー氏のように過去の過誤と誠実に向き合う歴史認識を期待するのは無理だったと判断している。

極左冒険主義による危機を乗りこえて、党の再建を果たす。宮本氏は剛胆な指導力を発揮した。大衆運動と党建設を両輪として、党組織を前進させていく。

〔綱領路線の守護神〕さて61年綱領とは、いつまで輝いていたのか。その評価は分かれるが、「高度に発達した資本主義国でありながら、アメリカ帝国主義になかば占領された事実上の従属国となっている」との規定こそ核心部分であろう。

労働運動の記述などは簡潔で、「アメリカ的なあたらしい搾取形態と戦前からひきつがれたおくれた搾取形態との並存」という規定もある。独占資本の搾取による社会的窮乏を強調し、労働者階級を先頭とする人民と運動が社会変革を進めていくという認識に基づいている。

ソ連・中国など、現存社会主義国との関係性は綱領制定後に激変した。プロレタリア国際主義なる用語は70年代にも使われているが、60年代後半以降の自主独立路線こそ決定的である。この時点で綱領の世界像と現実とは、一定の緊張感が生じていることに注目したい。高度成長で社会も変貌していく。現実の変化をただちに綱領に反映させるのは無理であるのだ。

綱領で団結する党とは、その時点の綱領が掲げる基本的な方向性への支持を求めている。そう理解するのが正しい。綱領の細部や、個々の運動や党史の評価も実は党内で分岐している。

だからこそ宮本氏は、一枚岩の党を求め続けたと言えよう。１９０８年生まれの氏は、コミンテルンの栄光を信じられた世代だ。コミンテルン型の党しか認めていないのだ。ただ革命路線は、より創造的だった。高度に発達した資本主義国で、民族解放民主革命論を打ち出したことは、コミンテルン型でないのだと、中北氏は鋭く指摘している。

さらに注目すべきは、徳田書記長の家父長的指導を批判しながら、徳田氏の光と影から学んでいる。党中央も二分され、書記長への公然の批判さえ噴出した徳田時代を再現させない。徳田氏の秘書を務めた岡正芳氏らの助力も得て、何をなすべきかを組織人として洞察した。

異端派の規律違反には、迅速に対応する。著名人でも容赦しない。離反者には反党分子、新左翼党派にはトロツキストとのレッテルを貼って、この党を純化する路線を強化した。

ソ連・中国からの干渉と毅然と闘い続けたことは、党内での氏の名声を決定的に高めた。人民的議会主義、多数者革命の路線を進む過程で、ユーロコミュニズムを意識するのは当然である。非同盟中立を志向する勢力の前進にも強い期待を持ち続けた。

〔ユーロコミュニズムへの模索〕　中北氏が、70年代の日本共産党についてユーロコミュニズムを模索する流れに位置づけていることは的確である。民主主義像としては「救国と革新のための国民的合意」（1975年）、「自由と民主主義の宣言」（1976年）、経済政策としては「日本経済の提言」（1977年）を提起した。当時の知的理論的活動は実に意欲的だった。

70年代のジャーナリズムは、ユーロコミュニズムへの注目を高めていた。宮本氏にとっては、ソ連型社会主義とは異質の社会像を提起する責任があり、ユーロコミュニズムとの親和性を示すことは時宜にかなっていた。だが氏は夢想家ではない。ユーロコミュニズムに対して、いつの時点で危惧を持ち始めたのだろうか。

イタリアの社会運動は、伝導ベルト論（大衆団体の使命は党の指令を大衆に伝えることだというスターリン流の視点）を運動の現場で克服している。72年の共産党主催の理論会議に参加したイタリア共産党代表の発言などを学生時代に読んで、筆者は驚きを感じていた。

だが日本共産党とその影響を受ける運動の担い手は、日々の活動に忙殺されている。知識人とその周囲では、ユーロコミュニズムへの共感が強かろうと全党的な感受性は異なっている。ユーロコミュニズムへの探究は、70年代後半には停止されていった。

政治的な節目は、76年総選挙と77年参院選での惨敗であろう。同党の選挙総括では敗北や後退を認めたがらない。社会構造の変化への視点は弱い。反共攻撃の影響力を重要視して、どんなに逆風が強かろうとも前進できる党を建設する。その視点を何十年間も強調し続けていく。田口富久治氏の民主集中制論に対して、不破氏が批判したことも画期となった。

1978年に、田口富久治氏はスペイン共産党カリリョ書記長の『ユーロコミュニズムと国家』を精緻な国家論ではないと評していた。知識人は、ユーロコミュニズムへの旗手に対しても厳しい視点を示すのだ。20歳だった筆者にはそんなことも新鮮で、初対面の氏に敬服した。田口氏は不破氏からの批判にも耐えて、学究としての責任を果たしていく。

〔破格の指導者として〕1978年1月に除名が公表された袴田氏を批判する後日の「赤旗」において、増上慢なる未知の語に出会ったのは忘れがたい。辞書で調べると、まだ悟りを開いていない者が得たと昂ぶることを戒めた語だった。元副委員長に対しての表現として印象に残っている。

1980年の社公合意以降、宮本氏の政治指導はさらに勢いを増す。全野党共闘を主張してきた社会党の背信に対する憤りだけではない。無党派知識人や市民運動への批判も、勢いを増す。共産党系の大衆団体への統制と軋轢も増加する。それにしても1983年、上田耕一郎・不破哲三氏が『戦後革命論争史』について自己批判したことは衝撃的だった。

宮本氏がスタンスを急変させた背景は、不明である。構造改革派の一員でもあった上田・不破兄弟のスタンスを承知の上で、党の最高幹部へと登用したのは宮本氏である。

ちなみに世間の指導者と比較しても、宮本氏の傑出ぶりは明らかだろう。頭脳と人格は秀でていても、迫力に欠けるタイプが世間では多い。その一方で、声が大きく決断力もあるが、決断を間違え続ける人もいる。両者の長所を備えて、巧緻かつ狡智の判断力を持てるのが宮本氏である。

1958年以来、40年間近くその権勢を保ち続けた。

氏の指導を受ければ、発奮せざるをえない。当時の「赤旗」の充実ぶりは現在を凌駕している。党派性の強さには常に反発したが、数々の疑獄やタブーにも肉薄する紙面だった。

全国の党機関は、拡大や選挙でも血眼になった。それは、トップの強烈な指導力と無縁ではない。だが苛酷な指導は、上級から下級へと伝播する。ちなみに、抑圧の委譲に関する見事な分析を示した丸山眞男氏の名前を出せば、宮本氏は黙ってはいないと推測する。

〔俗なる精神〕若き宮本氏を世間に認知させたのは、1929年8月に芥川龍之介を論じて『改造』懸賞論文の第一席となった『敗北の文学』である。戦後も文芸評論の仕事を続けたが、多作ではない。基本的には党の指導者に徹して、文学とは無縁の語彙でこの組織を牽引した。

「出番の情勢」に確信を持ち、「革命的気概」で「二本足の活動」にとりくむ。「敗北主義」「待機主義」を克服して、選挙に勝っても負けても「綱領路線に確信を持つ」。東欧革命などに「腰を抜かす」な、「安心立命」できる境地に達せよと、僧侶も顔負けの説法である。

才を鼻にかけないことは、政治家として大事な資質である。文学的センスとかけ離れているとはいえ、現場で苦闘する活動家にも理解できる言葉を用いてきたといえよう。

宮本氏は社会変革の理論をいかに深化させ、現代社会像を更新したのだろうか。ユーロコミュニズムの旗手と語りあえば、ルーマニアのチャウチェスク独裁体制への批判的な視点を持ち得たかもしれぬ。知の旅をたどるのも良い。若き日にトロツキーも読んだ宮本氏が、欧米のマルクス主義知識人の1930年代以降の軌跡を知れば、現代世界認識も豊かになったであろう。

宮本路線の総括に際しては、『敗北の文学』の末尾から「氏の階級的基盤を乗り越えなければならない」との一節をつい借りたくなる。だが共産主義への確信を強める階級的基盤は、消滅しきった現代日本である。話題を転じて、高杉一郎氏に登場していただこう。

『極光のかげに』で俘虜としてのシベリアでの4年間の強制労働の日々を見事に描いた高杉氏は、同著刊行直後に、宮本氏から面罵されている「あの本は偉大な政治家スターリンをけがすものだ」「こんどだけは見のがしてやるが」とは、相当に乱暴だった。翌年に急逝する百合子氏も同席していた。

宮本氏が再婚する大森寿恵子氏は、高杉氏の妻の妹であることが暗示的である。この時点では、まだ身内ではなかったけれど。「身内」に対しては、氏の厳しすぎる態度が貫かれた。ただ「外」に対しては、より大らかな姿勢も時に垣間見せる人なのだろうか。

一方の高杉氏は、誰に対しても傑出したデモクラットであり続けたようだ。学問と文化への深い見識を持って、誰とでも分け隔てなく対話できる人だった。このタイプの人が増えれば、社会の民主化への希望はつながる。社会変革の思想と運動を育む広場は生まれる。だが高杉氏のような器量を持った人も、今や激減してしまっている。

マルクス主義に、昔日の面影はない。それ以前に、学術・文化や硬派の書物への敬意を失った人たちは加速度的に増えた。人間への関心も弱い。さらに忖度なく論じあう空間も減っているとなれば、左翼の再生は不可能だ。社会の変貌と劣化は進み、現在に至っている。

宮本氏が構想した二段階革命は、日本社会では実現しなかった。ただ宮本家では奇跡が起きた。父は共産主義者として日本共産党の躍進を実現し、若干の陰りも体現して生涯を閉じた。長男の宮本太郎氏は、知的世界で広く尊敬を集める政治学者である。社会民主主義的な変革と福祉国家を希求する人にとって、恰好の指南役である。それは多くの点で、父とは異なる道を選んだ太郎氏の決断と力量あってのことである。

不破哲三氏の挑戦

〔屈指の理論家〕 1930年生まれの不破氏は、小学校3年生で小説も書いて吉川英治氏にも出会っている。早熟な天才もやがて軍国少年になった。敗戦後に16歳で入党した。

日本の政治家で、破格に著書の多い一人だ。畏敬の念を持ったのは対談集『自然の秘密をさぐる』で、著名な科学者16名と語りあっている。東大理科一類卒業なので、科学史の大発見や名著にもリアルタイムで出会ってきた。この専門ならば当然であるが、見事である。

国会質問も忘れがたい。実兄の上田耕一郎参院議員、正森成二衆院議員なども含めて、同党の屈指の論客たちは、政府を鋭く追及した。極秘の資料を探索し、政府見解の矛盾を相手の土俵で明らかにしていく。社会党の論客にも全くひけをとらない水準を持っていた。

水上勉氏、井上ひさし氏らも、不破氏との共著を刊行している。作家と作品への敬意を持ち、的確なコメントもできる不破氏の能力ゆえだろう。知的市民も多く支持する党の党首にふさわしい。政治家として、論理の鋭さと説得力でも抜きん出ていた。

だが理論家としての仕事は、冷静に検証すべきだ。主著の1つ『スターリンと大国主義』は先駆的な提起とみなされたが、筆者の印象は初読時から異なる。70年代後半に溪内謙氏の名著『現代社会主義の省察』や中野徹三・高岡健次郎・藤井一行各氏の『スターリン問題研究序説』を熱心に読んだ者として、違和感を持っていた。

不破氏の著作の多くは、先行研究に言及しない。その点も疑問だが、大国主義・覇権主義批判という視点では狭くないだろうか。現存社会主義の負の遺産とは、その点だけではない。党中央の指導に従う一枚岩の党が、専制と抑圧を社会に強いていた。それも一因で社会主義は崩壊していったのだ。不破氏はその点をどう総括するのかと今も思う。

『スターリンと大国主義』について、次のエピソードも紹介したい。戦前の社会運動家で、戦後にこの党と訣別した何人もが、同書を熱心に読んでいた。それは不破氏の権威を物語っていよう。不破氏の主導でマルクス・レーニン主義からの脱皮が図られた。プロレタリア独裁と表現しなくなった。だが問題はその後である。『マルクス・エンゲルス全集』では、プロレタリア独裁や暴力という訳語がすべて禁じられて他の語への変更を強いられたという。変更しなければ党機関紙に広告を出さないという圧力に、この党による介入として訳者の岡崎次郎氏は異議を表明したのだった。

〔学問と政治の間〕党中央の政治判断は、学術文化や社会運動よりも優先される場合が多い。不破氏はそれを首肯する。田口富久治氏への批判では不破氏の高圧的な姿勢を感じた。マルクス、エンゲルス、レーニンの深い森に立ち入れる能力は示しているが、得心はいかなかった。それらの著作の解釈に終始してほしくない。何よりも党員が自発性を持ち、存在意味を感じられる組織になるべきではないか。当時からそれが待望されていたのに、不破氏の鋭利な批判からその問題意識は感じとれなかった。レファレンダム（全党員による直接一般投票）は、ロシア革命以前から党内民主主義の活性化を保障する制度として機能していたことは、戦前派の活動家も意識していた。福永操氏は証言している。この制度をレーニンも重視したが、スターリン体制下では廃れてしまう。また忘却している人も多いが、民主集中制とはボルシェヴィキが最初に採用したのではない。１９０５年にメンシェヴィキが提起した。分派の存在も、１９２１年のロシア共産党第10回大会までは許容されていたのである。そのような歴史的経緯もふまえて、70年代末に組織内民主主義をもっと充実させる模索が求められていた。

皮肉なことに、兄・上田氏の著書『戦後革命論争史』の事実上の共同執筆者として、１９８３年に不破氏も自己批判を強いられてしまう。だがこれは自己批判を強いた側が問われるべきである。むしろその前段での著作として、70年刊行の不破・上田共著の『理論戦線の到達点と課題』に注目したい。70年代には、学問文化での指導性も発揮できる党としての自負があった。だが学問の高度化と細分化は、すでに加速度的に進んでおり、その後はこの種の本を刊行できなくなる。全般的危機論の見地を深化させるべきと同書で提言しているが、85年に同党はこの概念とは学問的検証にたえないとして使用を否定することになった。

ただ意気軒昂な同党は、80年代後半にはネオ・マルクス主義批判に着手する。その一員としてプーランツァス批判などを執筆した新進気鋭の書き手こそ、志位和夫氏だった。

学生時代に、不破氏に続く理論家集団の一人である榊利夫氏（後に衆院議員）の印象的なコメントを聞いた。1978年に溪内謙氏の『現代社会主義の省察』が刊行された直後だった。「なかなかよく書けている」という率直な一言に、同書に畏敬の念を持っていた一人として、学界の最高峰に対して失礼ではないかと思った。榊氏は早大露文科出身なのでソ連社会主義論を探究していることを、後輩たちに自負したかったのだろう。不破氏の評も聞きたかった。

現在の党幹部や国会議員では、20世紀社会主義論や現代資本主義論への深い探究で知られる人は少ない。それで良い。学問的探究は研究者に任せるべきである。学問での到達点を踏まえて、政治の場での真摯な奮闘こそが求められている。

〔理論家として政治家として〕上田氏の『戦後革命論争史』は同党の社会変革論を鋭利に問い直した名著として知られる。宮本氏についても堂々と批判している。筆者も20代で愛読した。

宮本氏の賢明さは、それを百も承知した上で、構造改革派の立場だった二人が同派への批判的視点を示した後に党幹部として抜擢して、理論活動のみならず党の最高幹部への道を歩ませた点にある。現時点で注目すべきは、自己批判以後の両氏の理論活動だろう。

上田氏は、情勢論を重視した著作を書いた。多様な知識人・文化人から謙虚に学ぶ姿勢も貫いていた。参院議員としての活躍と魅力的な人柄も衆目の一致する点だ。ただ理論家としての鋭さは、あまり感じられなくなった。

不破氏は、八面六臂の著作活動を続けた。綱領路線の発展を跡づける著作も実に多い。スターリン全盛期からの左翼として、若き日からスターリンとレーニン主義の検証も進めてきた。その一方で、マルクスの偉大さを強調する視点は不変である。レーニン『国家と革命』に準拠した革命像の批判的検討を続けてきた点は注目に値するが、レーニン主義の党、コミンテルンの21ヵ条加入条件に定義された組織原則である民主集中制は守り続ける立場なのである。

『戦後革命論争史』を凌駕する画期的な著作を、上田氏と不破氏は生み出していない。高度成長期以降の社会の激変と世界資本主義の変容をふまえて、社会変革の可能性をいかに見出すのか。上田氏の『先進国革命の理論』は、その主題にわずかに立ち入るのみだ。何よりも現実の提起する巨大な主題との格闘が求められていた。両氏こそ最も適任のはずだった。

だが党の最高幹部で国会議員でもある現実は重い。政権を追及し、国会での激務を担い、選挙などの政治戦での勝利が優先される。政権批判を強めて、党の前進を訴えていく。

もちろん学術研究や批判的知性から謙虚に学んで、その最良の成果を紹介していく道もあるはずだが、この党の許容範囲はやや狭い。二人は激務の中で独自の著作活動を続けた。

80年代以降の同党の理論活動について、知識人たちからの強い好感度を示す資料があれば、いずれ読んでみたい。ただ政治と学問は、すでに著しく遠ざかっていた。知識層による好感度がたとえ低下しても、同党の支持基盤は強固だった時代である。党員数と機関紙部数は、80年代に頂点を迎えていた。地域で誠実な活動を行うこの党への信頼感は強い。政策分野での探究も進んでいた。

〈宮本氏引退後〉1997年に宮本顕治氏の引退を求めた時点で、不破氏は主体性を発揮した。メディアからの取材に対して「もう退いた人ですから」と不破氏がクールに答えている記事に、快哉を叫んだ記憶がある。

不破氏は満を持して、勝負に出た。日本社会党が消えて、無党派層における共産党への期待が高まった時期である。現実的路線を志向して、政権に参画する道をめざしたのである。

ただ新たな挑戦とは、順風満帆ではなかった。90年代末以降の不破氏の政治的選択の行く末については、「科学の目」で冷静に検証する必要がある。大局的には、不破氏の思惑を超えて、二大政党論を求める突風は強まって共産党の存在感は消えてしまった。

ただ党首の判断力は、随所で問われていた。国旗・国歌がもし法制化されるならば従うという不破氏の発言は、国旗・国歌法への呼び水となった。現実的な党としてのアピールだが、公党の責任者としては軽率だった。野中官房長官に逆手を取られて、日の丸と君が代を強制する法制化が後に実現してしまい、教育現場での抑圧は強められた。もちろん同党は法案に猛反対し、その後の闘いでも重要な役割を果たしたが、その前段に党首の判断ミスは存在していたと筆者は考える。

拉致問題への新視点は妥当だったのか。拉致問題の存在を政府に認めさせた1988年の橋本質問の絶大なる存在感に対して、拉致は現段階では疑惑に過ぎぬという視点からの不破発言（2000年の党首討論）は、真相究明に水をさす動きとして世論の一部から反発を受けた。もちろん特定失踪者＝拉致被害者ではない。北朝鮮を敵視せず、国交回復を求める視点は正当である。それらを踏まえても、橋本質問の輝きには及ばなかったと筆者には思われた。

政治とは試行錯誤の連続である。誤りを恐れるならば、挑戦もできない。ただ最近の杉田水脈議員などとは違って、不破氏の判断に誤りがあれば市民も驚きを持つ。肝心なことは、判断ミスがあればそれを認めてスタンスを変えることだ。それが容易ではない。

驚嘆すべきは、高齢でも不破氏の知的理論的活動は衰退しない点だ。『スターリン秘史』全6巻も大仕事であるが、『資本論』研究にも驚かされる。だが同書を読み通せる人は限られている。もっと現実に密着したレベルから社会変革像を刷新してほしい。『資本論』新解釈には、この研究に人生を賭けてきた研究者からの異論も続々と提起されている。ぜひその批判に対して応答して、論争を進めてほしい。注目の斎藤幸平氏との討論も実現してほしい。不破氏のマルクス主義研究での見識を示せる機会でもあろう。異論とも対話できる姿勢こそ大事なのである。

〔党中央の正しさを体現して〕不破氏の個性を浮き彫りにするために、ディープすぎる人選だが、同世代の対照的な左翼活動家に登場していただく。共産党除名後に新左翼に転じた樋口篤三氏である。「わからなくなったら左にはねろ」との迷言を受け継いで、60年代末の新左翼の街頭闘争で活躍した。世間的な知名度はないが、左翼史での存在感はある。叩き上げ活動家としての庶民性と豊かな知性を持つ人だった。だが街頭で激しくはねるセンスでは国政は担えまい。国会では、スーツが似合い自他ともにエリートを任じる不破氏が輝くのだ。

共産党の人民的議会主義は、穏健で真面目である、審議拒否などのパフォーマンス重視ではない。中北氏は的確に紹介しているが、党内の複数のセクションで法案を検討して、専門家の判断も仰いで入念に検討する。国会審議の水準を高める党として、秩序派の市民からも信頼感を得てきた。その指導者として、冷徹な理論家の不破氏は最適任である。

ただこの党への懐疑が生まれるのは、党中央至上主義である。「いつでもどこでも党中央ははねろ」というスローガンはないが、いわずもがなだからである。威厳の強い指導部は、突出している。党中央が決めれば、方針転換はむずかしい。末端の活動家は、それに従っていく。常に、委員長など最高権力者の意思が貫徹しやすい組織である。本当にそれで良いのか。長らくそのシステムの問題点は指摘されているが、慣性の法則は止まらない。

それにしても不破氏は多才な人である。満喫してきた趣味の世界まで著作にしている。登山は『回想の山道』、七加子夫人と収集した土人形は、共著で『郷土人形西・東』を上梓した。土人形を収集していると聞けば、全国の活動家も協力してくれただろう。この傑出した指導者よりも、貧しさに耐えて奮闘した土人形のような人びとに筆者は心からの敬意を表明したい。

不破哲三氏を初めて間近で見たのは、1974年の夏だった。党幹部だった伯父の妻が病没した際に、告別式に参列してくれた。党への疑いを持たない高校生として、氏から眼を離さなかった。やや傲然たる表情に思えた。ただその印象はもちろん口外しなかった。

今では、わが感受性の歪みを自覚する。氏は喩えていえば、田中角栄氏や車寅次郎とは対極の人物像である。故人への哀悼あふれる空間で田中美智子衆院議員は号泣し、大学生だった愛息も嗚咽していた。唯物論者である党書記局長は、感情に流されてはならない。その頭脳とクールなイケメンぶりを、対照的な存在である筆者はつい妬んでしまったのだ。

テレビ討論会でも、不破氏はしばしば感情を露わにして、長広舌を振るっていた。1951年に査問で暴力を振るわれた時の表情は知らない。83年に、兄と自己批判を求められた時の表情も知らない。その苦悩も経てきた人への敬意は、長らく失わなかった。

学生時代に氏の近親者に出会っている。不破氏の筆名の由来を尋ねたら、ブハーリンとは明言せずに、ロシアの革命家と答えてくれた。ただ不破氏は、その説を頑なに否定している。敢えて深入りすることは避けよう。

だがコミンテルン史を批判的に検証し、もう半世紀以上前からレーニンの批判的研究も模索してきた理論家である。自主独立の党としてかつて存在感を持ったこの党は、皮肉にも今なおコミンテルン型の党の特質を保持している。不破氏の決断ゆえである。レーニンを深く問い直しているのに、レーニン主義型の党と訣別できない重石として君臨している。

不破哲三氏の時代は終わった。いや、終わらせるのだ。これは不破氏を非難する言葉ではない。後継世代が新たな局面で歴史への責任を果たすことへの期待である。卓越した指導者によって牽引される組織ではなく、集団的な英知と闊達な議論で運営される組織へと移行していく。「世代的継承」とは単なる継承ではない。一歩前へという問題意識を求めている。

だが永田町全体で政治家の劣化は露わである現在、不破氏の卓越した能力は永遠に語られていく。そればかりか氏の理論家としての仕事は、まだ幕を閉じないかもしれないことを空想する。

たとえば、若き日から挑戦して、封印していたグラムシやネオ・マルクス主義の研究ノートがあって、それは学問的な批判に耐えうるかもしれない。常任幹部会の緻密な会議録と氏の所見が記されていれば、この党を知る重要な資料である。まだまだ過去の存在にはならない人に思える。

志位和夫氏の輝きと可能性

〔その人柄と役割〕１９５３年生まれの志位和夫委員長は、宮本氏の壮絶な体験や不破氏の超人的な著作活動という強烈な個性とは、持ち味が異なっている。書記局長になる以前から注目してきた。ただ、宮本議長退任を求めた東大大学院生を断罪する１９８５年の論文は、日本語としての魅力と説得力にやや欠けていた。ネオ・マルクス主義批判論文も同様だった。

ただある時点から、頭脳明晰で論戦力も備えている点で前任の両氏に何ら見劣りはしないことを自覚した。この党と訣別した筆坂秀世氏は、不破氏に厳しく当たられた際の会議後には、志位氏がかばってくれたことを書いていた。良い人なのだと思い直した。

２０１５年から、志位委員長は熱心に野党共闘を推進してきた。他党の有力政治家、小沢一郎氏や岡田克也氏らも真摯なその姿勢を信頼していた。「市民と野党の共闘」は、今や風前の灯火になっているが、志位氏らの努力を支持したい。ただこの間、党勢は衰える一方だ。支持者たちは暗澹たる思いを抱いている。最高責任者は、その時点での結果に責任を負わなければならない。

党委員長として、22年という在任期間が長すぎるのは事実だ。それが世間の感覚である。ただ、ちょっと気になるのは、志位氏が存分に力を発揮したのは何年間あるのか。

２０２１年衆院選での共産党ポスター「困った人にやさしい政治。」を、その観点から注目した。コピーの常識的説明は不要だ。この党の歴史に強い関心を持つ者としては、興味深いコピーだ。前任者の不破氏も宮本氏も、傑出しすぎている。それゆえに困った人なのである。

志位氏は、両氏の「初心と善意」を常に尊重してきた。というか、両氏をすべて讃えて、その言い分を受け入れる運命を背負ってきた。だが難局の打開のために、先輩たちの築いた路線も見直さなければならない。党員・支持者の高齢化など、前途は楽観できない。穏やかな笑顔のポスターだったが、氏の内面の苦悩を感じとった。

謙虚さと節度も感じさせる志位氏は、晩節を汚す人ではないと信じたい。ただかつてない危機に直面している同党の前途を切り開けるだろうか。今や、新聞購読を止める家庭も多い中で、機関紙拡大は進むだろうか。党組織を現在の３割増しにするのは可能なのか。

有権者は移り気である。長年党首を続けていれば、新鮮味は薄れていく。選挙戦とは綱領や政策よりも、カメラ映えである。２０２２年の真夏の参院選で、ＮＨＫは最も風采が上がらない角度から、志位氏の汗顔を撮影し続けていた。だがそれを反共攻撃などと抗議することはできない……。もちろんスタジオ中継では、今も背広姿で颯爽としている人だが。

さて１３０％の党を実現するという新方針との関わりで、共産党系と称されることの多い新日本婦人の会の現在を意識しておきたい。地元の同会では、趣味や学びの会を30も持っている。誰かの指令で動くスタイルではなく、技を磨き、モノを作る、趣味の世界に喜びを感じる人たちがサークル活動を担っている。

40年ほど前に、大集会で新婦人会員によるジャズダンスに遭遇したのを記憶している。炎天下の熱演の華々しさに卒倒しそうになった。その一瞬、日本革命を夢見たと言いたいほどだ。今や皆さん高齢者だろう。そうに違いないとたかをくくっていたら、近隣の会には若手女優を蹴散らすほどの存在感を持つ会員がいることを知って、思わず眼を疑った。

つい横道にそれたが、この間の新婦人は活動スタイルやスタンスを点検し修正してきたのではないか。現代の組織を象徴していると思う。傑出したリーダーの一声で、一方向に動く組織ではない。心から欲するひとときで、多面的に仲間づくりも広がる。その組織のリーダーに、仲間を威圧するようなカリスマ性はいらない。仲間思いの人こそ適任である。

このような視点で、柔らかさも併せ持った組織へとこの党を改革していくセンスこそ必要だと考える。トップが光り輝く組織から、誰もが主人公になれる組織へ。それを実感できる開かれた組織へと改革を果たせれば、拡大は進む。そこに集いたい人も増えていく。

〔党改革の思想的根拠〕 志位委員長からの反論を覚悟している。民主集中制廃止や党組織改革だけでなく、筆者はマルクス主義の放棄をもくろんでいる。マルクス主義と訣別した、ドイツ社会民主党のバート・ゴーデスベルク綱領と同じ発想なのだと批判されるかもしれない。

バート・ゴーデスベルク綱領とは古すぎる。1959年の綱領である。ただ「精神の自由の政党」「さまざまな思想信条を持つ人々の共同体」（永井清彦訳）というすばらしい規定は記憶に残っている。それにドイツ社会民主党は巨大政党で、現在もドイツ第一党なのである。あやかりたいほどだ。綱領もベルリン綱領（1989年）を経て、現在まで綱領を変えるたびに、党の立脚点を見直してきた。その点も注目に値する。

筆者は、マルクスとエンゲルスのみとマルクス主義（科学的社会主義）を説明するスタンスには立てない。可能な限り、マルクス主義を相対化したい。現時点では訣別の必要はないにしても、マルクス主義にはこだわらず、広大な学問世界の到達点から謙虚に学んでいく姿勢が重要だろう。

自明であるが、マルクスの偉大さは資本主義批判で意識され続ける。だが、それだけで現代の資本主義を分析できるはずもない。「しんぶん赤旗」の紙面に登場する知識人も、昔からマルクス主義者ではなく、マルクス主義研究者でもない人たちの比重が高いのは、当然の判断であろう。

第2次安倍政権に厳しく対峙してきた岡野八代教授（フェミニズム理論・政治思想）は、長らくアーレント研究を続けて、ジェンダー論やケア論などの思想水脈と学問的格闘を続けてきたと推察する。その上で現実に関わっての真摯な発言と行動を続けて、同紙にも登場してきた。ジェンダー論は（マルクス主義ジェンダー論もあるが）旧来のマルクス主義から登場した思想ではない。現代民主主義論とは、多様な学問的探究として深化している。

そして現代社会の奥行きを見つめる際に、ケアやジェンダーなどと同時に、誰もが耳にしたことがある「共生」も意識すべきである。この言葉を〈共にどう生きるか〉と読みこむことで、この社会の複雑さと人間の孤独や疎外感を見つめ直せるかもしれない。川本隆史氏（社会倫理学）の『〈共生〉から考える』は、それを鮮やかに描き出している。

川本氏は、実に広い視野で共生を考察している。〈共生〉とは、すべてを社会変革に直結させるような単調な議論ではない。分断と格差が溢れている社会の現場で、多くの声を意識し続ける。弱者として排斥されてきた人の声を聴きとり、異なる立場に立つ他者との新たな関係性を模索していく。ケア（注意、配慮、世話）は大事であるが、現実との緊張関係の中で難問に直面する可能性も示唆している。決してケア礼賛論ではない。

さて政治の話に戻すならば、かつての共産党においては、「共生」とは盲点になりやすかった。地域の切実な課題にとりくみ、困窮する人びとの支えになってきたという自負も強かったからだ。だが社会を変革できれば、政治が変わればとアピールをしても、政治的空間と隔たりを持つ人たちには容易に伝わらない。彼ら彼女らの孤独や苦悩は救われない。アピールをさらに強めても、その人びとの意識とはズレてしまう局面も多いのだ。とりわけ若者世代とその上の世代での、左翼の影響力の弱さは現時点で「試されずみ」なのである。

時代状況の激変も大きい。社会変革に夢を託すという選択肢を、はなから想定しない人たちは増えている。その難局を打開するためにも、社会認識を豊かにするしかない。その文脈で多様な現代民主主義論、具体的には〈共生〉論からも学ぶことが第一歩になるだろう。

志位委員長からは反論されるだろう。今や「戦争か平和か」が問われている。学問論を深めている余裕もないのだと。ただ人間が人間らしく生きられるためにこそ、社会変革は求められている。この党の思想的立脚点を豊かにしてほしい。現代民主主義論からも、ぜひ学んでほしいと願っている。さらに言えば、本気で党の自己改革を進めてほしいものだ。

岸田首相による空前の大軍拡を阻む上で、日本共産党の存在価値は問われようとしている。

もし志位委員長から「君は現在の情勢を全く理解できていない。もっと覚醒せよ」と一喝されれば、居酒屋・やるき茶屋のように、オーダーを復唱して「ハイ！　よろこんで」と叫ぼう。だからこれはパワハラとは言えない。そうだ。覚醒こそキーワードである。

マルクスは今も非凡である。その批判精神や根底的な問いかけによって、多くの人たちが覚醒してきた。そして現時点では、この覚醒の新解釈に挑む挑戦こそ求められている。

かつてマルクスは、「宗教はアヘンだ」と断じたけれど、宗教は消えるはずもなかった。そこから何を学び取っていくのか。社会変革を求める際に、これにあやかって、「マルクスはアヘンだ」「共産党はアヘンだ」というフレーズを、思考のトレーニングとして、一度つぶやいてみるのだ。その上で新たな風景と出会える道を進んでいきたい。

まずもって、かつて現存社会主義国の専制と抑圧で弾圧された宗教者の苦難を忘れてはならない。ただ「宗教はアヘンだ」の本意とは宗教の断罪ではない。マルクスは宗教を批判的にとらえた点がきわめて重要であるが、同時に現実社会への問題提起にも注目していた。

日本社会には、「マルクスはアヘンだ。共産党はアヘンだ」と強い敵意を持つ人も存在している。だが社会の矛盾による苦しみを抱える人も多い。その人たちとどう共同できるのか。魂の救済をめざす宗教者と同じく、社会変革の試みが未来へとつながっていく道を見出したい。覚醒剤という言葉は使えないが、社会を変えようという共鳴板を支える集団。人びとの共感と覚醒に支えられた党としても、自己規定していけるのだ。

かつてこの党を前進させた、多様な大衆運動や社会的組織も生き残りに苦慮している。その空間で忙殺されて、政治活動から距離をとらざるをえない活動家もいる。高齢化も進む中で、組織の立て直しが求められている。

その第一歩として、党のイメージと実態を変えていくことは有益だろう。この党は、多くの人が出会える広場になる。苦難に直面する人たちの知恵と力を育む空間になれたら何よりだ。プロフェッショナルや社会運動とも連携している。新たな世界へと旅立つ場になるかもしれない。

〔ハブ空港的な空間〕たとえば、ハブ空港のような空間としての党組織をイメージしてみたい。空港だから多くの人が訪れる。マルクス主義（科学的社会主義）を承認するかなどを、空港を訪れる人に尋ねる必要もないのだ。民主集中制など不要だ。空港なので、無軌道と混乱は発生しにくい。秩序の大切さは自覚されている。同じ飛行機に乗っているからと、分派と決めつけてはいけない。何よりも、日本国憲法の理想を実現する空間、人権を尊重する空間にする。その共通感覚で満たされる場となっていく。異論の抑圧は許されなくなっていくだろう。

念のために言えば、空港なので管制官は必要である。ただその管制官を査察する制度も創設しておく。方向性としては、党中央のリーダーシップはソフトになり、地域ごとの主体性を強める点での分権化と、各人の個性を尊重するという点での多様化を進める。

あらゆる場で、直接投票は保障される。この空港をより良くしていくためのアイデアも常に公表できる空間だ。多様な立場を尊重しながら、求心力を高めていく努力を惜しまない。

その空港の一角では、ぜひ社会主義、共産主義をめざしたい人たちの活動も保障されていく。そのルートでの旅を望む人が多ければ、航路は維持されていく。だが、どこに旅立てば良いのか。高齢なのでもう遠くには行けないという人も多いだろう。

結局、社会の根底的変革を願うためにも、その空港の存在感が問われていく。くつろぎと潤いに満ちた空間になることは、必須であろう。建物は古びていても良い。一部の人だけが利用できる空港ではなく、万人が利用できる。空港の情報も開示されていく。そんな発想を持っている。

さてイメージ・トレーニングだけではなく、別の視点で整理しておきたい。この党は、党員と支持者だけの組織ではない。広範な人たちの注目を集め続けている。原理的には碓井敏正氏の指摘どおり、市民社会と国家とを媒介する準公的な組織が政党なのである。

政党交付金（助成金）制度も、この社会で定着している。同党は一貫してこの制度に反対し、交付金を受け取り拒否してきたが、社会からの期待や批判には耳を傾けている。

清廉潔白な党として、政党交付金受け取り拒否を賞賛する人もいる。その判断に疑問を持つ人もいる。多くの人びとはこの党に注目している。まして党名と組織原則は、常に多くの市民からの注目を集めていることを胸に刻みたい。

この数十年間、ジャーナリズムや識者からの日本共産党への提言は、ほとんど変化していない。党大会時点での新聞各紙の社説などは、この党の美点を評価するが、共産党という党名と民主集中制という組織原則を見直すべきではないかと指摘してきた。多くの政治学者も深い学識でその根拠を解説してきた。本書でまだ紹介していない人では、加藤哲郎氏も代表格である。氏の全著書を読み続けてきた者として、その結論を紹介するのは芸がなさすぎる。

〔志位さんに学ぼう〕ようやく新たな視点にたどりついた。志位委員長の『新・綱領教室』に学ぶのだ。「革命」概念を再定義している箇所をもう一度紹介したい。支配階級の権力を奪取するという従来型の革命解釈ではなく、横にずらすという概念を提示している。権力の奪取ではなく、権力の移動だという新解釈を試みている。

党名と民主集中制を考察する際にも、この移動＝スライドという視点は有効だ。長らく権威ある学者とジャーナリズムは、党名と組織原則を変えよと同党に提言してきた。その提言は正しいと筆者も長らく考えてきた。だが誇り高い同党は反論する。党への干渉だと反発する人もいた。

改革を求める凡夫としては、スタンスを変えたい。転換せよ。改革せよ。時代遅れだという批判はしない。民主集中制から民主主義と変えるだけ。双方向性の組織をめざしてきたんだ。一歩移動すれば良いだけ。ほらできるじゃない。大丈夫とエールを贈りながら、組織原則を民主主義にスライドさせてしまうというリアリズムで行きたい。

民主集中制について、もう一点自覚したい。この言葉は、共産党だけの所有物ではない。

20世紀社会主義については、多くの市民が関心を抱いてきた。その破産については、マルクスの誤謬と見るよりは、まずは民主集中制の組織原則を持つ政権党と社会体制による抑圧と専制に問題を見出すのが標準的だ。自らが正しさを体現できるという前衛の視点こそ、社会の機能不全と官僚主義をもたらしてきた点を知的市民は見抜いている。ただ、それは社会全体の何割であるかは不明である。政治学やロシア史に無関心な人は膨大にいる。それも自覚しておきたい。

それでも党指導部が主人公の組織から、党員自身が主人公になれる組織へと脱皮していく。民主主義を組織原則としていくことは急務であると判断する。


〔党名変更を考える〕だが組織原則はともかく、党名の変更は認めない人たちも多い。何十年と繰り返されてきた論点について、基本的なスタンスは述べておこう。

たしかに日本社会の進歩と革新の伝統を受け継いでいる党である。それでもコミンテルン日本支部として、日本共産党は誕生した。国際共産主義運動の担い手だった時期に、格別の困難と出会った。もちろん国境を越えるインターナショナリズムは、多くの理想をこの社会にも伝えてきた。コミンテルンの輝きを信じて苦闘した、当時の活動家たちを忘れまい。インターナショナルの理想を、ただ断罪するだけでは一面的だろう。

しかし戦前のコミンテルンも、戦後のコミンフォルムも、今ではその功罪が明らかである。党分裂期の極左冒険主義も、ソ連・中国からの圧力ぬきに語ることはできない。共産党という党名、民主集中制という組織原則を共有する党ゆえに、その負荷を背負わされたのだ。何よりも20世紀社会主義の粛清や抑圧を、容認できない。それはこの列島の人びとの共通認識になっている。

日本共産党は、ソ連・中国の大国主義・覇権主義に対して毅然と闘ってきた。苦難を抱える人たちと向き合い、理不尽に屈せずに社会を変えようと訴えてきた。レーニン的な革命党のイメージよりも、今や民主、平和、人権のイメージとフィットしている。その党の未来を、現時点からは社会主義・共産主義を求める党として自己規定すべきではない。日本国憲法の理想をこの社会で活かそうと全力を尽くす。日本の民主主義的変革を求める党になっていく。その一歩を進むという「スライド宣言」を今こそ発していきたい。その道を選び、清新なイメージで押し出していけば、政治の場での存在感を取り戻せる。新たな躍進を実現することも夢ではない。

その問題意識を持てれば、党名変更への挑戦を開始していける。ここでも、現在のスタンスとの断絶ではない。移動＝スライドという、志位委員長の視点が有効である。もちろん党名変更に反対意見も噴出する。この党名に誇りを持って、苦難に耐えた人を忘れることはできない。でも今ならば、率直に議論しあうことが可能であろう。

プーチンのロシアは共産党なのだと、誤解している人がいる。また習近平の中国も、金正恩の北朝鮮も、民主集中制を国家の組織原理としている。20世紀社会主義の負の遺産だけではない。その影は現在も尾を引いている。世界の激動を予知して、巨大なマイナスイメージとはお別れしたい。

関連して、未来の語り方も変えていきたい。この社会には手厳しい人が多い。野党連合政権から民主連合政府を経て社会主義という諸段階での共産党の見取り図を示せば、「政権もとれないくせに」と反論はかえってくる。もうこの語り方からは卒業すべきかもしれない。

2つを鮮明にしていけば良い。まず現在は何を実現するのか。次に政権に入れば、国政をどう変えるか。言いかえれば、党独自の主張をどこまで貫き、どこまで譲歩するのか。その区別さえ、メリハリをつけて説明できれば、十分ではないかと判断する。

〔安保体制を変えるために〕志位委員長の『新・綱領教室』で注目すべき指摘は数多い。日米軍事同盟の異常なる歪みを除去する視点には、共感する。ただ、70年代初めには、全野党が日米安保に批判的な視点を持っていた。安保条約への批判派は、この半世紀で激減した。それはなぜなのだろうか。社会主義を模索する点でも、当時の野党は問題意識を持っていたが、半世紀後は全く異なる。この間の変貌と変革主体の衰弱を、世界と日本の現実をふまえてどう解明するべきなのか。

今や日本社会は「憲法・安保体制」と規定せざるをえない。世論調査は流動的であるが、9条も安保条約も自衛隊も尊重する立場が多いのだ。

安保体制を肯定する層はなぜ増えてきたのか。旧ソ連・中国・北朝鮮の脅威も強く影響している。さらにその認識は広がりを示している。脅威を煽っての軍事費倍増は許されない。だが現状では、安保体制の究極の歪みを除去することさえ至難の業だ。

安保体制を容認する立場に、日本共産党は転換できない。だが安保廃棄、自衛隊違憲だけでは、有権者の不安に応えられない。党内には専守防衛支持派も少なくない。この状況を突破していくために、組織を一色に染め上げるのではなく、異なる意見の仲間とも団結していきたい。

そもそも平和を実現するアピールの鮮明さと、アプローチの説得力が問われる。さらに、その主張をする党名についても自覚する必要があるのではないか。旧ソ連と中国、北朝鮮との関係も誤解されやすい、共産党という党名での安保条約廃棄では前進しにくい。それはこの間も明らかになっている。戦争を許さない。自衛隊員を殺させないという主張を押し出すためにも、新たな党名で安保体制の究極の歪みを除去するスタンスこそ説得的だろう。

中国の脅威を煽り立てる立場とは一線を画しつつ、現在の台湾危機の深刻さを受けとめる。中国政府による台湾の武力攻撃への志向を決然と批判する。その上で敵基地攻撃能力の保有など許されないことを訴え続ける。アメリカが、核弾頭を搭載できる中距離ミサイルを日本に配備することを、絶対に阻止しなければならない。平和と安全を守る、リアルな現状認識と政策が求められている。

革命党から民主主義的変革の党への一歩で、コミンテルン型の党としての過去は、大いに見直せる。戦前期からの労働運動での対立と分裂も、新たな視点で総括できよう。そうなれば、この間の連合会長・芳野氏のような一党を露骨に排除する姿勢の説得力は失われていく。ハブ空港のイメージで、組織を変えていくことは、必ずや党の理念と政策にも影響を与えていく。鋭い批判力とともに、統治者としての能力を高めていけば、党勢も回復できる。その道を進んでいきたいものだ。

危機感を強めているのは、この党の清新さが失われている。従来型の方針では現状を打開できないので、敢えて一案を述べてみた。だが社会変革のイメージは、志位氏と共通する点も多い。筆者の構想をぜひ厳しくご批判いただきたい。機関紙上での名指しで問題はない。「もろ手を挙げて歓迎」するものである。

ぜひ党の改革を進めてほしい。生き残りを賭けての最後のチャンスかもしれない。まず党員・支持者へのアンケート実施も必要だろう。昔のテレビCMのように、志位さんが自らベルトを締め上げて身をさいなんでいただく必要はない。皆で知恵をしぼっていけば良い。ただ、現状の困難を生み出した要因とは何なのか。党中央の責任についてもより深く解明することを望みたい。

〈別のプランもある〉大学の先輩である久留島郷平氏から、注目すべき助言を受けた。韓国やドイツの政治と社会運動を意識している氏によれば、政権交代を可能にする巨大新党結成との目標もありうる。それに向かって、日本共産党が先頭に立つという選択肢もあるという。

詳しくは、いずれ刊行される氏の『政権交代を実現する民主進歩の新党へ』に譲りたいが、国会の院内会派としては、日本共産党の看板を降ろす。ただ党の歴史を閉じるわけではない。政権交代を可能にする巨大進歩党を創設する挑戦を始めるのだ。その先頭に共産党をはじめとする各党・個人が立っていくという構想である。これも思考のトレーニングとして受けとめてほしい。

この新党に参加する政党は、単独の院内会派としては消えるが、党独自の活動は続けていく。巨大政党を構成する支流（一派）として存続し続けるというプランである。現実に、ドイツの「左翼党」でもこの方式を選択して、旧社会主義統一党の流れをくむ民主社会党が主導して、多くの異なる潮流を結集した政党を構成している。

この新党では、韓国の「共に民主党」のようにあらゆる場面で全党員選挙を実施する。開かれた民主主義を実現した野党として、内部に多様な潮流を抱え込むから一枚岩ではない。でもその包容力で一定の存在感を持ち続けられるとの判断だろう。久留島氏の構想とは、２０１５年の安保法制に反対した広範な市民、市民連合と立憲野党からの参加で巨大新党を創るプランのようだ。

先に示したハブ空港のイメージは、共産党の組織改革として構想した。空港も巨大ではない。それに対して、この久留島氏のプランは、共産党と他の野党、個人、市民運動などがいつか合流して巨大なハブ空港をつくることを意味しているのだ。

この間の野党共闘で誠実だった日本共産党が、その先頭に立つならば事態は動くかもしれない。それが氏の期待である。ただ連日の党機関紙を見ていると、従来型の党員と機関紙拡大の追求に忙殺されている。まずは退潮を阻み、世代的継承を図るのが同党の問題意識である。長期的な将来を展望すれば、これも左翼再生の一案になるかもしれない。

「市民と野党の共闘」を終わらせない。日本共産党の前進を願う点で二人の意見は一致した。

以上、池上・佐藤両氏の対談での日本共産党論を意識しつつ、独自の考察を深めてきた。左翼史を語るとは過去の総括であるとともに、その将来像にもつながる。難問に敢えて挑んでみた。

最後に、半世紀以上前に刊行された内田義彦氏の『社会認識の歩み』に注目したい。「歴史の発掘」という章で「スミスとルソー」に論及している。「切り離しがたく連続している時の流れを、ある点において切り取る作業──つまり流れている時にピリオドを打つ作業──が、歴史から抜けだして歴史を省みるという主体の側での行為を契機にして始まる」という一文があった。さらに「われわれが時の流れに埋もれているかぎり、始めというものはない。流れている時の進行を、どこかで断ち切るという操作を経て、ある時点が、ある・総体としての何かをもった・ピリオドの、始めの時として成立してくるのです」との一文も記されていた。

懐かしい一冊だが、日本共産党がいま直面する試練を乗りこえる上で、最も含蓄の深い視点だと感じ入った。「ここがロドスだ、ここで跳べ！」も思い出す。今ではＡＫＢ48の歌として意識する人も多いが、筆者はマルクスの著作で出会った。くれぐれも跳び方には熟慮してほしい。

2023年2月6日に、党首公選制を求めた松竹伸幸氏の除名が報道された。志位委員長、小池書記局長が2015年から進めてきた路線を支持する一人として、驚きを禁じ得ない。同党が伸びやかな組織となって、広範な人びとの好感度を高めなければ世代的継承も実現できない。その妨げになることは、選択すべきでない。除名ではなく、松竹氏を凌駕する党改革こそが求められている。この党を衰退させないために、今からでも除名を白紙に戻す勇気を持ってほしいと願う。

【三冊との対話】

日本共産党を批判しうる根拠は、100年の歴史に数多く存在する。戦前は治安維持法などで弾圧され、戦後も治安対策の対象となり続けた。両氏が言及している話題は著名で、この党への関心を持つ人の多くが知っている。深刻な事象や暗部もある。鬼の首を取ったように、勝共連合も特筆大書する。ただ歴史の全体像の検証は欠かせない。

同党を論じる際に、大昔の過誤を暴けば良いのかは書き手に問われている。読み手も同党に関する長年の研究と考察の歴史を踏まえて、新著に向き合うべきだろう。

かつて立花隆氏の『日本共産党の研究』は、驚異的な取材力で新事実を明らかにした。センセーショナリズムと宮本氏断罪の意図は露わであり、同党は激烈なる反論をした。『特高史観と歴史の偽造』も本格的な反撃の書で、立花氏の誤記・誤植も列挙している。それから40年以上を経て、今や同党は池上・佐藤両氏の三冊には反論しない。感情的な反発をしなくなった点は支持したい。

ただ創立100年を経て、新たな党史の刊行も予定されている。従来よりも踏み込んだ総括は、求められよう。筆者は池上・佐藤両氏の指摘で受けとめる点もあり、同調できない点もあるので本書を執筆した。自らはこの党の歴史をどう探究してきたかを綴ってみた。

志位委員長の創立100年の記念講演に、同党の現在のスタンスは示されている。『新・綱領教室』では冷静な位置付けを模索していた61年綱領への評価が、この講演ではかなり高くなっている点は気がかりだった。遠からず新たな党史が刊行されることは、歴史を踏まえて新たな挑戦が問われていくことになる。歴史像の問い直しと、未来の探求とは一続きである。何よりも過去と未来を見据えてのメッセージ、現在の苦境を突破するスタンスをぜひ期待したい。

池上・佐藤両氏は、『文藝春秋』2022年8月号での対談も含めて、軽快に語り続けている。左翼の時代がやって来ると煽り立て、左翼の恐ろしさを知るためにも両氏のメッセージに注目せよと、自著の読者を増やす努力も惜しまない。池上氏は東大駒場キャンパスで民青が台頭する危惧を持ったという。微苦笑を誘う語り口だったが、これを取り越し苦労という。氏のように、社会的な尊敬を集める人は何をいっても許されるのだ。そう憎まれ口を叩く私も、氏の番組にはしばしばお世話になっていることを補足したい。

日本共産党の第一線で奮闘する人たちは、池上氏とは対極の人たちだ。この社会で疎んじられることも多く、立身出世や高収入とは無縁である。意見の異なる点はあるが、その担い手への敬意を失わない。同党の衰退を望まない。それが筆者の一貫した立場である。

【佐藤優『日本共産党の100年』との対話】

佐藤氏の新著は、党史と綱領の分析を通じてこの党を考察した。70年代から同党の歴史を探索してきた者として、党史への関心に敬意を持った。党史は党中央の歴史認識を示す。ただその成立過程や、歴史研究との連関については公開されない。ちなみに『日本共産党の五十年』以前にも党史は存在している。そこで露わだった無謬主義とは訣別した点を、同書の特長として強調していた点を、半世紀以上前なのに鮮明に記憶している。

党史は大事である。同時に膨大な資料や研究者や運動家の論文・手記、当事者としての証言を精査するのも大事である。学界での研究もこの40年でさらに進んだ。ただ佐藤氏の新著は、それらにさして踏み込まず重要な論点を精選して考察している。実に読みやすい。意欲ある人は、党史と中北氏の著書、この佐藤氏の新著を読みくらべるのも意義深いだろう。

『アエラ』2022年8月8日号で、コミンテルンの支部として同党が結成された事実が『日本共産党の八十年』でごく簡潔になり、100周年では語られなくなっていると氏は指摘している。史実を勝手に上書きしたとの疑問である。ごく簡潔になったのはその通りである。不破氏の『スターリン秘史』に依拠するにせよ、コミンテルンの一支部としての誕生を忘却してはならないと筆者も考える。ただ未来に向かっては、その歴史そのものを問い直す時を迎えている。

「上書き」なる表現は興味深い。同党を批判する佐藤氏の視点にもはねかえってくる。公安調査庁は、今も共産党を監視し続けている。68年前までと現実は変わっているのに、上書きしない姿勢こそ不適切だ。共産党への監視のために予算と人員を使うべきではない。

さて同書では、日本資本主義論争や労農派知識人に精通する佐藤氏独自の視点が示されている。山川均の評価も興味深い。ただ、今後の共産党が労農派に戻るという表現は不適切である。そうではなく、コミンテルン型の党から山川氏が構想した共同戦線党的な方向へとスタンスを徐々に変化させる可能性はある。望ましい選択の一つである。されど社会の現状をふまえれば、どの道を歩もうと左翼としての長く厳しい道のりは続く。

戦前の同党の文書に労働者の武装が示されているとして、佐藤氏が警戒心を示しているのは新鮮だった。現時点では暴力や威嚇、威圧を誰も望まないのは当然である。一世紀前の歴史的事象として見つめるべきだろう。

抑圧と搾取に対する、労働者階級の激しい怒りはヨーロッパでの機械打ち壊しにも示されている。二村一夫氏の『足尾暴動の史的分析』に描かれた、ダイナマイト爆破などで暴動に起ち上がった鉱山労働者の闘いを現時点での秩序感覚から裁いても仕方がない。

労農派の学者であり、この国でマルクス主義を学んだ多くの人が『マルクス・エンゲルス全集』で世話になった岡崎次郎氏は、最晩年までプロレタリアート独裁と暴力革命に固執し続けたいと訴えていたことも思い出される。

官憲のテロルと弾圧に直面した日本共産党は、たしかに戦前から極左化を示していた。権力の送り込んだスパイによる策動もあり、党独自の過誤も存在する。メーデーにも竹槍を持ち込み、非合法運動での暴力も実在した。竹槍メーデーへの自己批判は確認できるが、十分に克服できたとはいえない。弾圧で指導部も続々と検挙されていく。運動を顧みての方向転換は、不可能だった。

１９３０年代の一時期、ごく一部の地域では国家権力の弾圧に対峙して、官憲及びスパイとの戦争を行っていると認識する活動家もいた。スパイMの指令で、１９３２年の銀行ギャングに関与した当事者の声を筆者も聞いている。まさか指令を発した人物がスパイとは夢にも思っていない。佐藤氏は党史の一節に、スパイに踊らされたその実行犯たちの名も記せと主張するのだろうか。

満州事変後の苛酷な状況で、運動の誤りも増幅されていた。女性への抑圧がすさまじい時代に、女性活動家の人権侵害は運動空間でも存在した。痛ましいことである。社会運動史を探究してきた人には、昔から常識となっている事象である。

その一方で、「敵の出方論」について佐藤氏のこだわりは一貫している。『激動 日本左翼史』でも、不破哲三『現代政治と科学的社会主義』を厳しく批判する。不破氏は平和革命論を日和見主義と断罪しているではないか。佐藤氏のこの疑問も理解できる。これは、61年の共産党の新路線を「社会主義革命を回避する改良主義」と「社会新報」で批判されたことへの、意趣返しだろう。同書刊行の68年とはキャンパスは騒乱の時代だった。革命党としてあらゆる事態を想定した原稿だ。時代と状況の制約を受けすぎており、上書きを忘れた可能性もある。

興味深いことに、佐藤氏も「敵の出方論」自体は当然だと記している。今や革命などありえない状況でも、権力の暴走はありうる。「敵の出方」という表現も今やなじまないが、その観点から同論文を乗りこえて、上書きすれば良いと判断する。

多忙な佐藤氏は、同党の弱点を衝く最短ルートを選んだ。同党をより深部から内在的論理で炙り出すことを期待したが、綱領への言及もごく常識的だ。『日本革命の展望』や61年綱領を読めば、今日の同党との多大なる距離感を見出すのは当然だろう。自主独立路線は、1960年代後半以降である。社会主義を美化してきた時期が長いことは自明である。

佐藤氏は、統一戦線を多数派形成の戦術としてのみ捉えている。コミンテルンの反ファシズム統一戦線は、今では単純に美化できない。不破氏の『スターリン秘史』もそれを示した。

だが戦後日本で、「思想としての統一戦線」を求めた人びとは党内にも多かったのである。同時にこの党は、前衛党と自負しただけに、セクト主義にも傾きやすかった。中野好夫氏や吉野源三郎氏など、多くの無党派知識人の苦労と奮闘を記憶しておきたい。

同書の帯のコピーは「日本共産党はふつうの政党ではない」「命を賭けて闘った人々がいる。しかし、革命ははるか彼方にある」とマイルドに記されている。革命という概念を問い直してきた人は無数にいる。今や「日本革命ははるか彼方にもない」。革命党の看板はもう不要であろう。

だがしかし、誠実で強靭で懐の深い社会変革派は、この社会で求められている。『資本論』を深く読みこんだ佐藤氏は、学術会議批判などではなく、この社会の変革の可能性と辺野古新基地を阻む可能性について発言を続けてほしい。竹中平蔵氏を礼賛すべきではあるまい。

なお、ウクライナ戦争論や自衛隊活用論に関わって、同党が国防政党になったという佐藤氏の評価は性急で不正確であろう。志位委員長の「自衛隊活用論」は、唐突すぎて支持者にもやや不評だった。再構築が求められている。それがどうあれ、この党と支持者たちも戦争への道を許さない。あらゆる人びとと手をつないで闘い続ける。ただその際の視点の精査は求められている。

もう一つ、ベトナム反戦運動時の平和意識の分岐とは、筆者には感慨深い論点だった。小学校5年生で運動に参加して、正しい戦争はあると考えてきた。共産党支持者は独立と自由のための武力行使＝戦争を容認して、社会党支持者は異質だったという佐藤氏の仮説は興味深いが、それを実証できるだろうか。実は自説を問い直したい思いから、筆者も長らく関係者に尋ねてきたが、クリアーにその結論は出ていないのである。本書の時点では、佐藤氏も実証には至っていない。

第6章　一つの歌と人びとの記

映画「日本の夜と霧」と「国際学生連盟の歌」

「日本左翼史」から受けた刺激について、何点か補足しておきたい。佐藤氏の沖縄との縁に以前から注目してきた。氏が共同代表を務める辺野古基金には、カンパもした。90年代から、辺野古は何度も訪れている。社会党の兵庫県議も務めた伯父の上江洲智克《かえすともかつ》氏（沖縄・久米島出身）は三冊には登場しないが、佐藤氏の思想形成に多大な影響を与えた人であることを承知している。共産党に近づくなという氏からの警告を、佐藤氏は守ってきた。上江洲氏の『天皇制下の沖縄』は、沖縄差別の全体像をとらえようとした一冊である。

さらに奇縁を感じたのは、大島渚監督の『日本の夜と霧』への注目である。筆者も20代半ばで観た。六全協後の活動家の結婚式で、「国際学生連盟の歌」を歌う場面はとりわけ印象深い。

この映画の登場人物と同世代の叔父（母の妹の夫）がいる。大島監督より6年ほど後輩であるが、1950年代の京大の活動家だった。後に中核派最高幹部となった北小路敏氏と同世代で、北小路氏とは違って日本共産党を辞めなかった。正確を期せば、北小路氏が脱党した後の1959年に、ブント活動家として活躍していく人物が京大学生細胞の解散声明を出した時点で、彼らを除名して党を守り続けた活動家集団の一人だった。

この叔父・田中清和弁護士と会った機会は、限られている。無骨で口数も少ない人で、甥に忠告するようなタイプではない。小学生でヘロドトスの『歴史』に挑んで以来、文学や詩への関心も強かったという。文学部を卒業してから独学で司法試験を突破した。後に定数2の選挙区から立候補して大阪府議を務めた時期がある。60年安保を大河小説にするのだと半世紀近く前に聞いたが、まだ作品には接していない。

「日本の夜と霧」は、スターリン主義批判の映画とみなされている。映画で「国際学生連盟の歌」を歌っていた学生たちは、叔父の世代だ。その世代を登場させながら、51年綱領の時代を経験した大島氏らの世代の苦難に迫ろうという手法に注目した。

たしかに、スターリン主義讃歌では映画になるまい。スターリン主義批判への切実さがあった時代である。ただ大島監督の世代でも、叔父の世代でも、この党と訣別した者としなかった者がいて、同世代の活動家の裾野は広いのである。

「歌って踊って」という言葉で共産党系学生運動への反感を表明する人が多いのは、昔から承知している。視点を変えれば、ともに歌える歌があった時代だった。かつて誤った路線を推進した組織である。再生をめざす以上は、歌と踊りを軽視するような視点ではまずい。政治闘争至上主義から転換していく。かつての誤りの総括は必須であるが、二度と誤りを繰り返さないという思いで、歌うことをなぜ非難できるだろうか。

刺激的な映画だったが、大島監督への反発も感じた。稚拙なアイデアも生まれた。わが結婚式で「国際学生連盟の歌」を歌おうと心に決めた。長らく相手も見つけられなかったのに。

92年7月の結婚を祝う会で、学生時代の仲間たちとこの歌を歌った。両親に贈る言葉では、野間宏氏の『暗い絵』の一節「やはり、仕方のない正しさではない。仕方のない正しさをもう一度真ぐに、しゃんと直さなければならない」を引いた。ちなみに70年安保を知る妻は、そもそも共産党系ではない。祝う会なので金屏風は嫌がったが、わが構想には賛成してくれた。

興味深いことに、出席してくれた勤務先の労働組合幹部諸氏は、『暗い絵』にも「国際学生連盟の歌」にも無反応だった。在職時の組合委員長で、文理双方に通じた卓越編集者は一人いたが、その他の歴代委員長は違う。大部分は高卒入社組で、書籍編集者の経験を持たない。学術には疎い人も多く、マルクスや左翼史の知識はなかった。だがどの人も能力の高さによって職場で高く評価され、組合委員長として見事に役目を果たしていた。

勤務先の出席者の中で、労働組合にもマルクス主義にも批判的視点を持つ編集担当役員（後の社長）が、この会を絶賛してくれた。野間宏氏、大島渚氏も十二分に意識してきた編集者である。今思えば、それが同姓である氏から評価された最後だったかもしれない。

さて、18歳で出会ったこの歌について、去年まで誤解をしていた。作曲者はムラデリ。その訳詞は東大音感合唱団なのだと思いこんでいた。正しくは、東大音感合唱研究会である。このサークルが訳詞し、創作した歌は多い。イタリアの歌「さらば恋人よ」もその一つだ。パルチザン闘争に身を投じるために、恋人に別れを告げる若者を歌っている。「ある朝目覚めて　さらばさらば恋人よ　目覚めて我は見ぬ　攻め入る敵を」という歌は、その昔によく歌われていた。

東大音感合唱研究会の誕生は、戦中期のエリート一家の存在に遡る。岩波書店で、オパーリンの著作を何冊も訳している生化学者の石本真氏はキーパースンである。父・石本巳四雄氏（物理学者・東京帝大地震研所長）、母美佐保氏（ピアニスト）、さらに戦時中から音感教育による合唱を始めていた佐々木幸徳氏の存在があってのことである。石本真氏と妹の美代子氏と佐喜子氏らが中心になって、讃美歌の練習も繰り返していた。

それが戦後に合唱運動として芽吹いて、東大キャンパス内外で注目されていく。経済学者の内田義彦氏も、この東大音感の指揮者を一時期務めていた。軍歌と寮歌しか知らなかった若者たちは、この空間に魅せられて多くの歌に出会ったのだと金子ハルオ氏（経済学者）も記している。

学生運動への影響も大きい。初期の中心メンバーの中にも、占領期の弾圧事件の被告となった人がいる。何のために歌うか。どんな歌を歌うか。侃々諤々《かんかんがくがく》の議論はなされてきたと聞く。

今や学生運動もほぼ消えている時代に「国際学生連盟の歌」にこだわるのはアナクロニズムである。とはいえ、戦後の解放空間において東大音感合唱研究会は象徴的な存在だった。国際学連との歌に希望を託した人たちも、戦後の担い手である。

怒りでキーワードを間違えた衆院議員

さて、2014年に党本部で資料室を利用させてもらったエピソードに戻りたい。幹部会委員を務めていた伯父とは、衆議院議員を33年務めた松本善明である。母の兄だが、血のつながりはない。初当選は筆者が小学校3年生の時で、多忙ゆえ会う機会は限られていた。ただ76年1月から8月ごろまでは、祖母との二人暮らしだった伯父宅に手伝いも兼ねて同居させてもらった。大学入試の直前であるが、ロッキード事件が日本で初めて報道された時期と重なっていた。伯父の帰宅時間は毎日2時半から3時の間で、受験生も勉強を終えようという時刻である。朝7時半には出勤していく激務を続けていた。

1984年の原水協問題について、電話で激論になったことがある。党本部への抗議電話と同じ趣旨を述べると、同年齢の吉田氏への怒りを表明した。

党の指導に服するべきだ。自説にこだわるのは党の破壊につながると声を荒げるので、党中央のセクト主義こそ、党への信頼を崩壊させると反論してしまった。若かったな。次の瞬間、伯父は驚きの一言を叫んだ。

「我々は革命をめざしている。プロレタリア独裁をめざす党なんだぞ」

（違います。1976年にプロレタリア執権という規定もなくなっちゃいました……）

そう口に出せば、さらに逆鱗に触れただろう。テレビの国会討論会では失敗しない人なのに、キーワードを間違えてしまった。かつては従順だった甥が反乱を起こしたので、怒りを沸騰させたのだろう。長年の恩義を忘れて、こちらの声も大きかった。

ちなみに、この人も受難者だった。1950年の党分裂時に国会議員団秘書を解任された。まさにレッドパージである。その苦悩を経て、弁護士に転進した。日頃から党の誤りは必ず是正される。誤った路線を推進した幹部の責任も、いずれ明らかになると語っていた。

だがはるか後になって、誤りを克服されても困る。わが思いとはすれ違っていた。とはいえ激論の件は別にして、後に和解することができた。

40代後半で愛妻を喪った伯父の悲しみを忘れていない。その直後のエッセイでは、日本革命の大道を行くと綴っていた。ロッキード事件での激務は、そのすぐ後のことである。革命とは、この夫妻にとっても重い言葉だった。優しかったちひろさんの姿とその声は、今も記憶から消去されていない。

『軍国少年がなぜコミュニストになったのか』は、米寿での刊行となった。伯父夫妻と従兄・松本猛など諸氏への感謝をこめて、取材と執筆を担当した。それゆえに以前の著書と文体も異なる。

ヒロポンを飲みながらの猛勉強で海軍兵学校に入学したこと。東大入学後に渡邉恒雄氏の前で、主体性論争に通じる問題意識を発露したこと。講義の受講者として、丸山眞男氏に哲学を学びたいので指導をお願いしたいと申し出て相手にされなかったこと。綱領決定の第8回党大会での綱領修正案の提案など、今まで活字にされていない点を書きこむことができた。

亀井よし子さんの件は、最も気がかりだった。1954年に善明氏宅は空き巣に遭い、金品ではなく2通の手紙が盗まれた。司法修習生同期（6期）の二人の友人が、善明氏のオルグによって入党の決意を記した手紙だった。その1か月後に、家事手伝いをしていた20歳の亀井さんが誘拐されて、同日夜に脱出してくるという怪事件も起きた。3人の男から、この家について問いただされたことが明らかになった。

さらに事態は、複雑怪奇な展開をたどる。体調を崩した亀井さんは故郷の大阪に帰ったのだが、その病院で謎の死をとげるという予想外の展開になったのである。この件は、松川事件の真犯人と称する人物からの手紙が、1958年に（主任弁護人ではない）善明氏宛てに届いたという不思議さとも関連して、注目されたのだった。

共同通信の斎藤茂男記者も精力的に取材を続ける中で、亀井さんの死に到る過程に重大な謎があることを明らかにした。入院中になぜか数日、病床を離れていたのだ。死因にも疑惑があり、担当医師も急死するなど、謎は消えない。

この亀井さんは不遇な境遇で、政治には無関心だった。左翼に通じている人であれば、「家政婦は見た」と貴重な情報提供者にもなりえただろう。植木敬夫弁護士による供述調書を確認してみたが、何も知らない者としての恐怖だけが表現されている。

事件の22年後、この家で半年ほど書生的な役割も果たした。伯父夫妻の醸し出す温かな空気は、幼少期から知っている。かつてこの家にいた人の不幸を、他人事とは思えないのだ。

苦難に立ち向かう弁護士群像

さて米寿を迎える善明氏から新証言を聞けるかと期待したが、新証言は何もなかった。ふと思いついた。なぜ松川事件などという有名事件にこだわるのか。その線で真相は解明できなかった……。

改めて推理してみた。まず司法修習生に共産党員がいれば、当時は大問題である。怪しい司法修習生を監視したら、その家では秘密会議も行われていた。いや、おそらくその逆だろう。それはさておき、亀井さんを誘拐したこととその後の展開は何を意味しているのか。

練馬事件に思い付いた。伯父宅から直線で約5キロの地点で、1951年12月に起きた警官殺害事件である。共産党の極左冒険主義の口火を切る事件だが、地域の労働組合弾圧に介入した派出所の巡査と組合員とは、激しい対立を続けていた。謀略事件ではない。何があろうと死に至らしめたのは許されない。その点は明記しておく。

もしや、練馬事件への報復ではないか。共産党関係者ならば、相手は誰でも良かったという推理は成り立たないか。無名作家にも想像する自由はあるが、何の確証も見出せない。ちなみに伯父が警察に届けなかったのは当然である。金品は盗まれず、手紙が盗まれたとなぜ申し出られようか。

1954年とは、党と警察との間に極度の緊張関係が存在する時期だった。

練馬事件を知る際には、矢島勇氏の『獄庭に咲くカンナ』も意識されたい。矢島氏は、共産党の東京都北部地区軍事委員長をしていた。実行犯とされた一人の自白で、事件発生から半年も経ってから主犯として逮捕された。軍事部門の責任者だからである。現場にいない人間を他者の自白によって刑事訴追したことは、裁判での争点になった。ちなみにこの事件での殺意は否定されている。ただ有罪判決を受けた被告たちは長らく獄中生活を強いられた。

練馬事件の半年後の5月30日に起きた岩ノ坂事件にも注目しておきたい。破防法粉砕などを叫ぶ交番へのデモ隊との衝突で、警官隊が発砲して3人が殺害された。交番への襲撃など暴力は存在していた。それにしても、3人射殺とは凄まじい。公務執行妨害で多くの活動家は逮捕された。だが新聞はデモ隊のみを批判している。

奇異に思うのは、この岩ノ坂事件のデモ隊の一員として逮捕され、釈放されると同時に練馬事件の主犯に仕立て上げられたのが矢島氏である。警察官が犠牲になった事件の首謀者を、半年後にやっと見つけ出したのだろうか。

さて練馬事件に戻ろう。この事件の主任弁護人は、152頁に登場した青柳盛雄弁護士である。1930年代だけではなく、戦後も一貫して党員弁護士として奮闘を続けた。1952年の衆院選には、この練馬事件の現場である（当時の）東京5区から立候補している。極左冒険主義によって、同党への信頼が地に墜ちた時期である。その後にこの党の存在感は急速に回復して、青柳氏は69年に初当選して72年には再選を果たした。

奇しくも、本書の登場人物が重なりあう。76年から全学連委員長だった増村耕太郎氏も、後年に同選挙区から出馬した。80年代末に氏の政見放送を見た。党中央と対立した後だったからか、全国共通の政見が大部分であるのに、懐かしさもあり心を強く揺すぶられた。

さて練馬事件の法廷で奮闘した弁護士には、メーデー事件弁護団の要である石島泰氏（3期）もいた。幼い時に海で遊んでもらい、「黒い眼鏡なのに良い人だね」と失言してしまったことがある。戦前派の青柳氏らに続く、戦後初期の闘う弁護士たちの中で著名かつ卓越した一人だった。

メーデー事件第一審での石島氏による最終意見陳述は、眼下に裁判官を眺めて、歴史の法廷の裁き人として臨んでいるかのようだ。レーニンも引用して、日本革命を担う知識人の魂を伝える弁論である。現在の弁護士は、まず拒む弁論だろう。氏は後年に田中角栄有罪のロッキード裁判一審判決への疑義を表明して、奇しくも「赤旗」と立花隆氏によってきびしく批判されていく。論点は、コーチャン、クラッターの嘱託尋問調書の評価であった。晩年に党のあり方への模索を続けていると、井出洋氏への追悼文に記していたことを想い出す。

メーデー事件の主任弁護人として、石島氏と労苦をともにした上田誠吉氏（2期）は、自由法曹団の大黒柱である。上田氏もレーニンとの縁を持つ。安井郁『国際法学と弁証法』には、東京帝大法学部で教える安井氏が出征前の学生にレーニン『唯物論と経験批判論』を貸した事実と、復員した学生が「レーニンの指し示した道をまっしぐらに進み、いまもたゆみなく活動している」という印象的な一節がある。東京合同法律事務所の後輩である泉澤章弁護士は、この学生とは自分であると上田氏から直接に教えられたエピソードを記している。

著名な内務官僚の息子として生まれた上田氏も、レーニンに導かれて戦後を歩み始め、石島氏と同じく松川事件も含めて、日本共産党や在日朝鮮人とも関わる幾多の事件で活躍を続けた。非党員も多い自由法曹団で、卓越した能力とカリスマ性を持つ指導者として、尊敬を集めていたことを多くの人が回想している。白鳥事件弁護団の重責を担い続けたことも、改めて想起する。そんな人とは知らなかった幼い頃に、母と一緒に氏の家に小鳥を見に行った思い出を持っている。

優秀な後輩と偉大な先輩に挟まれた司法修習生1期に、亡父・大塚一男がいる。新人弁護士として1949年の平事件、さらに松川事件も担当して最初から松川事件主任弁護人だった。上田・石島両氏とは対照的で、学歴もなく生い立ちにも恵まれない。出征の前にマルクス主義に出会っているが、弁論でレーニンを引用するタイプとは全く異なる。

『私記　松川事件弁護団史』などで、もう一人の主任弁護人の岡林辰雄氏との確執を明らかにしている。戦前派の岡林氏は、長らく党中央委員も務めた左翼弁護士の総帥格である。「主戦場は法廷の外」という大衆的裁判闘争の原動力となった金言も、氏の言葉である。

松川裁判は、戦後の弾圧事件の中でも、無罪判決を見事に勝ちとった典型である。大先輩の岡林氏と亡父とは、事件発生直後から苦労を重ねてきた間柄である。現地の活動家や秋田から駆けつけた小沢三千雄氏とも苦労を共にした。岡林氏は獄中生活も体験している。革命家として強烈な誇りを持つ人だった。

この裁判の14年を担った二人の主任弁護人は、映画「松川事件」（山本薩夫監督）では、宇野重吉、宇津井健両氏が演じており、何の影も感じさせない。だがリアルな世界では、最終盤において廣津和郎氏をめぐって緊張感を強めていた。

そもそも廣津氏と岡林氏との因縁がある。１９６３年の無罪確定時に、裁判所の公正が示されたと発言した廣津氏に対して、岡林氏はただちに批判した。その後に、廣津氏が最高裁国民審査で全員に×印をつけようという「松川通信」の記事に憤慨した経緯もある。これは１９６３年の最高裁での検事上告棄却、無罪確定を担った入江俊郎、齋藤朔郎両裁判官についての評価に関わっている。松川はともかく、別の裁判ではきわめて悪い判決を出している。最高裁を決して美化できぬというのが共産党の立場だった。

１９５４年から『中央公論』で連載した廣津氏の「真実を阻むもの——松川控訴審判決を検討す」を、弁護団の主張と同一だが読者をひきつけるとみなす岡林氏と、ハイレベルの裁判批判としてより高く評価する亡父との違いもあった。無罪確定後に、松川だけでなく白鳥事件にも関わるべきであると岡林氏が廣津氏に性急な要請をしたことによって、亡父はさらに憤りを強めた。

ただ相手は党中央委員としての威信もある。弁護士である前に革命家なのだという自負は強かった。同じ事務所の大先輩に対して、一党員である父の勝ち目はなかった。創立メンバーの一員だった東京合同法律事務所から移籍した。廣津氏への思いと、自らの政治的立場は変えていない。

60年代後半は十二指腸潰瘍で静養していたはずだが、家庭内ではすさまじい食欲を発揮していた。もしやストレスの発散だったのか。稼ぐ意欲の弱さとは対照的だった。

岡林氏の対応は、党幹部としてはありうる対応かもしれない。廣津氏への敬意を持つのは当然である。ただ事件発生後からの被告・家族・弁護団・救援活動家の奮闘があって、多くの人びとは目覚めた。大衆的裁判闘争の輝きは、全国を揺るがす大河のような運動として、戦後民主主義の金字塔になったという視点が基本にある。

この党の通弊として、どれほど立派な知識人でも党批判を公言すれば極度に身構える。その一点への反発でハリネズミのように身構えて、威圧的になるタイプは少なくない。その空気は、組織内に伝播していく。ただ松川裁判への廣津氏の献身は誰も否定できない。一時期に党内の一部に漂った空気は、全国的には深刻な事態をもたらす事態にはなりえなかった。

だが白鳥事件は、さらにデリケートな性格を持つ。廣津氏に支援を強く迫った時点では、岡林氏は村上国治氏冤罪説だったはずだ。だが数年後には、軌道修正を余儀なくされたのであろう。その背景について、大石進氏は説得力ある視点を示しているので、『私記白鳥事件』を参照されたい。

ちなみに私は岡林弁護士の影響を強く受けた。氏の愛息一直氏は1963年、まさに松川事件無罪確定の年に交通事故で若くして逝去している。父は数年後にその悲劇を語り、運転免許は絶対に持たないようにと強く諭した。その教えだけには従って今に至る。その時の父の言葉とまなざしは、対立していたはずの大先輩への思いに満ちていたことを、今でもしかと記憶している。

その当時、松川運動の歌である「真実の勝利のために」のレコードを父はよく聴いていた。仙台中央合唱団によるその曲を、小学生の私も諳《そら》んじてしまった。回顧と自尊の感情だけで父は聴いていたのではない。それが今ではよくわかる。未だに敬愛追慕の念を持てない人物であるが、この二つのエピソードは記しておきたい。

それにしても、新米弁護士が戦後史に残る大事件の主任弁護人になるとは無謀であり、運命の悪戯だった。社会のしくみを肌で知らず、実務経験も乏しい時点での修羅場である。禍福はあざなえる縄の如しで、弁護士人生を規定していく。

パルチザン少年は泥を食べられず

困ったことに、小学生の頃からわが家は2つの運動の現場になっていた。父はPTA会長を何年か務めていたが、2段校庭を1段にして、小学校のシンボルであるケヤキを伐採するという革新市長の道路建設プランに反対する市民運動を担って、多忙をきわめていた。全会派の議員に賛同してもらおうと奔走して、その関係の来客も多かった。

母は、別の担当である。夜になると、しばしば身なりの質素な人が応接間に集ってくる。共産党の会議である。バタ屋のおばさんは、生活保護を受けていた。ベトナム戦争と沖縄へのめざめで政治少年になった私は、5年生の頃から雑益係としてその活動に関わった。ちなみに両親から政治教育は受けていない。好奇心ゆえの、子ども活動家だった。

その頃、最高幹部の袴田里見氏はわが小学校で開催された演説会で弁士を務めた。政府答弁の「前向き」を「米向き」であると板書したのを思い出す。10年足らずして、氏を批判する宣伝物を配るとは予期できなかった。この演説会の司会を務めていたのは、若手のホープFさんだ。袴田氏の来場に緊張したのか、異様なほど顔面を紅潮させていた。

もう1つ、忘れがたい場面がある。1969年の都議選の候補者だったTさんの街頭演説を、学校帰りに一人で聴いていたら、駆け付けてきた悪友の一人が、舗装されていない道端から大量の泥をつかみとり、この人のポスターに投げつけた。顔は泥まみれになった。

Tさんは、勢い込んで演説を続けていた。思わずズボンの左ポケットからチリ紙を取り出して、ポスターを拭いた記憶は残っている。まだポケットティッシュを知らない時代。まさに人生の分かれ目だった。そんな中途半端な行為ではなく、むしゃむしゃと泥を食べてしまう茶目っ気がほしい。清濁併せ呑む姿勢こそ大事なのだ。私にはそれが欠けていた。

地域の支部長は、長屋風の家に住んでいた。その家を自転車で訪ねては、新聞や書類を受け取ってくるのも、子ども時代のわが任務だった。活動に忙殺されすぎてこの人の事業は後に破綻し、借金もかさんで行方を知らせず街を離れたという。

氏の晩年にその転居先を調べて訪ねていくと、今も活動をしていることを誇らしげに語った。その数年後に、「しんぶん赤旗」で訃報に接した。どうしても党員として人生を締めくくりたかった一人だと推察する。

真っ赤な顔で演説会の司会をしていたFさんは、「吹きだまり」という青年サークルを作っていた。この人も後に活動から離れて姿を消した。吹きだまりという語について、「社会の脱落者などのたまり場」との語釈も記すのは『広辞苑』だ。日本共産党も、党を離れた人をかつては脱落者呼ばわりした。筆者はそのいずれにも同意しない。

吹きだまりとは、snowdrift ではないか。活動から離れてしまったFさんは、ひとひらの雪として天を舞っているのか。今も大地に足を踏みしめているだろうか。

独占資本の監視下や対立する党派からの暴力に直面する学園で、多くの町や村で、日本共産党員として前に進もうとした人たちを忘れない。多くの矛盾を背負い、背負いきれなくなった人たちもいる。辞めた人もいれば、辞めなかった人もいる。

この党とは北斗七星ではない。無数の流れ星、星くずとしてみつめたい。一人ひとりの希望と苦しみをたどれない。ただ永遠の輝きはなくても、しばしの輝きはあったのだ。

では、政権党の自由民主党とはもっと輝きのある星座だろうか。すばらしい人もいるが、「金権の輝き」も気になるので、星には喩えたくない。ただ政治に関われば、どの党でも周囲が見えなくなる局面は多い。それが政治の輝きと妖《あや》しさなのだ。ただ自己の利益を求めるのではなく、他者に献身できる人ならばその魅力を否定できまい。

左翼史を担ってきた人びとも、自分とは何かを客観視しにくい。最も根底的な社会変革を担う党派として、戦後史のある時点で、多くの人はそれぞれ別の党派をイメージした。情勢を切り開くためには、変革の担い手としての自覚を高める。ただそれは、情勢の可能性を過大評価する危うさを、たえずともなっている。長らく新左翼党派から修正主義者、反革命集団として罵られた日本共産党は、歳月を経ても社会に根を張っているが、国政での影響力はやや減じた。今や若者世代からは、保守的なイメージの党として見られている。

そもそも社会民主主義と共産主義の区分は、政治学では大事な基礎知識である。ただ20世紀日本では、日本社会党などが社会民主主義の党で、共産主義政党である日本共産党がそれに対峙する理念を掲げたという対抗関係では、政党のリアルな姿の説明にはならない。

両者とも、福祉国家的な理念には警戒心を持ち、社会党内でも社会民主主義に批判的な人は少なくなかった。労働運動の場での対立は強かったが、長らく一定の協調関係も続いた。社会主義・共産主義の信奉者が両党を支持したともいえない。それは明らかだろう。

一点だけ心しておきたいのは、なぜ共産党は独善的だと批判されるか。その根拠を知らずに闘ってきたのであれば、他者を理解できないだけでなく、自己を洞察できなかったことになる。ただコミンテルン加入条件21ヵ条などを読む人は、昔も今も稀なのである。これを知らずして、共産党という名称も、民主集中制の厳格な規律も、社会民主主義派に対する苛酷な対応も理解できない。

こうして旧社会党と共産党との、不思議な関係性の由縁も人びとには洞察されずに、長き歳月が流れたことになる。理論や理屈とは、常にそうした運命をたどるのだ。

あの戦争さえなければという思いを抱いて、戦後日本の民は死者たちとともに歩んできた。社会変革を願う志は、その思いの中でさらに強靭になる。日本共産党の担い手も、その視点で理解すべき人だと自覚する。

今やもう一つの戦争が眼前に迫ってきた。この社会は覚醒できるか。戦争の危機を阻んでいけるか。共産党もまさに正念場である。かつて日本国憲法制定に反対した党が、憲法の理想を必死で守り続けようとする点を評価したい。

ただその理想を投げ棄てないだけでなく、庶民の感覚とも遊離しない実効性ある平和のプランを打ち出してほしい。


そういえば小学生時代に、イタリア北部での少年たちのパルチザン闘争を描いた『緑のほのお少年団』（エンツォ・ペトリーニ作、安藤美紀夫訳）を読んだ。ベトナム戦争当時なので、自由と平和を守るために武力で抵抗することに疑問は持っていなかった。はるか後年に英和辞典の partisan を見ると、党派的に偏向したという語義が記されていて、思わず赤面した。イタリアでの闘いを、そう説明すべきではない。この語釈は、『広辞苑』に従おう。それにしても、わが子ども時代とは社会への関心と一つの党への信頼が、一続きだった。懐かしさもあり、恥ずかしさもつのる。

だが本や新聞や社会への関心だけではなかった。その一方では教会にも通っていたし、スポーツや考古学にも強い興味を持っていた。中学に入ると、『オオカミ追跡十八年』でニホンオオカミ生存説に強い驚きを持って、著者の斐太猪之介氏に感想を記した手紙を出した。すぐに返事をいただいたので本当に嬉しかった。

社会はより良く変わる。左翼の前進を信じられた時代である。対極の存在として、大昔に滅んでしまったというニホンオオカミに関心を持ったのかもしれない。今や時代は、すっかり暗転してしまったことを自覚する。

されど日本共産党は滅びない。絶滅危惧種ではないから、驚きを持たれないのが困る。田村智子副委員長の演説は、一度聴いてみる価値があろう。オオカミの遠吠えとは違って、理性と感性に訴えかける超一級のアジテーションである。ただ熱狂する小空間の背後には、「広大な空白」が存在している。

霧の中を歩み続けて

1999年に、実母と再会した。3歳の時に別れて以来で、39年の歳月が流れていた。松川事件は、被告と家族の人生を激変させた。それのみならず、主任弁護人の家族の運命も変えられた。二人の子どもを抱えての専業主婦、育児ノイローゼでもあったと聞いていた。

実母と別れたのは、3歳の時で何も記憶していない。22歳で事実を知って衝撃を受けた。2歳上の姉は、生母との別れの記憶を心に秘めたまま、弟への配慮で沈黙を保ち続けたのだった。

その再会の日に、姉と妻をまじえて語らった。だが品川駅での別れ際に様子は一変した。自分もかつて党に所属していた。分裂期を経て活動から離れてしまった。申し訳ない。予期せぬ言葉を発して、初めて涙を流す母の姿に、虚を突かれた思いがある。弟は活動家になったと姉は伝えていたのだ。今思えば、松川事件からちょうど50年の年である。

次の機会に話そうと約束したが、それは実現しなかった。職場ですさまじい過密労働を強いられていた日々に、自らが機会を逸した。仕事への過剰適応とは、自己責任だと自覚する。

それはともかく、母の苦悩は夫婦間の亀裂だけではなかった。松川事件主任弁護人の自宅では、嫌がらせや脅迫めいたことも発生したらしい。それを夫にも語らずに、神経の繊細な母は家を出た。党については疑問を強める事情もあったと聞く。

無実の被告を死刑台から救い出した松川運動を、少年期から意識してきた。ちょうど60年前、1963年9月12日に14年の裁判は無罪が確定した。その日、幼稚園から帰ると見慣れぬ車が家の前に停まっていたのを記憶している。NHKの車だった。

学生時代には、大原社会問題研究所で多くの生の資料も見た。左翼弁護士の奮闘は当然であり、統一戦線の生きた姿への関心である。それでもう十分なのだ。多くのことを知る者として、今さらこの事件と松川運動などへの関心を深める必要はない。

だが困ったことに、歴史は寝た子を起こしてくれる。『昭和天皇拝謁記』5には、1953年11月11日の項に、昭和天皇が初代宮内庁長官田島道治氏に対して、「松川事件はアメリカがやって共産党の所為にしたとかいふ事だが」という記述が登場する。

奇しくも、多くの争点で検察側の論拠を崩しながらも、仙台高裁で再び死刑判決が出されたのはこの1か月後である。この時点で何を根拠にして、昭和天皇はこの一言を発したのだろうか。この半年前に、田中耕太郎最高裁長官との懇談で、昭和天皇は松川事件の共産党員の被告たちに厳罰を下すべきと明言していた（5月18日）。

松川裁判とは、真犯人捜しとは別である。ただ吉原公一郎氏や後の新原昭治氏らの取材と探索もふまえて、アメリカの関与には何の違和感はない。ちなみに中島辰次郎氏は、1969年に真犯人として名乗りを上げたのに、亡父も含めて関係者からは相手にされなかった。

この『昭和天皇拝謁記』に、懐かしい阿部行蔵氏（都立大教授。後に立川市長）の名前もしきりに登場する。三笠宮に接近しうる左派的な人脈として、見当違いな警戒心を示していた。かくも左翼への危機感を強め、日米安保体制の成立にも主体的に関与した天皇の実像を知れば、「あっ、そう」と受け流して、のんびり昼寝をしている訳にはいくまい。

日本共産党創立100年という節目に、今や言葉を交わせない人たちを思う。この党と訣別した人や除名・除籍された人からも、長らく教示を受けてきた。

吉田嘉清氏は、真剣に書物に向き合い、的確な批評のできる人でもあった。自らを除名に追い込んだ党への期待、左翼の再生への思いも最晩年まで筆者に語ってくれた。

川上徹氏の輝きはすでに記した。「お別れの会」には党機関で重責を担った後輩たちも駆けつけていた。

誠実な知識人・運動家であろうとして、自由に生きようと決断して、この党を去った人たちは無数にいる。その一人、田口富久治氏の2022年の逝去には、ひとしおの感慨を持った。学問と書物への真摯な態度についても、学生時代から畏敬の念を持ち続けた人である。

「我々は遠くからきた。そして遠くまで行くのだ」という言葉を、もう一度かみしめる。戦前・

戦後の疾風怒濤期を生きた人たちは、何を見つめていたのか。たとえどんな立場に転じようと、在りし日の声を想い起こしていきたい。

今も、この党を担う友たちの姿は霧の中に消えていない。だが未来を展望することは、どの党派を支持しようと難しい。濃霧はこの国を覆っている。永遠に夜明け前かもしれない。

ウクライナ戦争を止められない現実、敵基地攻撃能力の猛威の中で、この社会の多くの人たちは苛立ちを感じている。ついに戦争前夜まで来たのか。だがこの現実に屈服はできない。

もし社会変革への「希望の芽」を探り当てたいならば、希望を封じ込めているものと闘わねばならぬ。長年、自明としてきた価値観も問い直すことが必要であろう。もし、どうしても訴えたいことがあるならば。

時空を超えて、映画の世界へと飛ぶことにしよう。

2022年1月に、映画『ドライブ・マイ・カー』を観たことも、本書執筆のきっかけになった。この映画の中にチェーホフの『ワーニャ伯父さん』が登場する設定は興味深かった。久方ぶりに、あの有名な台詞と再会できたのだった。ソーニャ役はパク・ユリム様。韓国手話で演じてくれた場面は、今でもともしびのようだ。

「あの世へ行ったら、どんなに私たちが苦しかったか、どんなに涙を流したか、どんなにつらい一生を送って来たか。それを残らず申し上げましょうね。」

悪戦苦闘を続けたが、パク・ユリム様を思い浮かべながら、執筆を最後までやめなかった。この台詞に接して、若き日から出会ってきた多くの歴史書と現代史の証人も蘇ってきた。20世紀日本の侵略戦争と植民地主義によって受難を強いられた人びと、戦争の惨禍の中で命を絶ちきられた内外の無数の人たちもその中にいる。社会運動の重責を担い続け、生涯自らの苦労を語らず、文章などただの一篇も書かなかった人もいる。自らの生い立ちに関わって、長らく差別を強いられ続けてきた人たちも忘れまい。

その人たちの軌跡とその時代を知りたい。その思いから、１９７６年に歴史学徒としての勉強を始めた。それからの日々に、多くの人びとの声を聞き取り、無数のシュプレヒコールのざわめきも耳にした上で、拙い歴史観と歴史像を更新し続けて現在に至っている。

あのワーニャ伯父さんは、19世紀末のロシアでチェーホフが創造した人物である。いつ最後の息をついたかは定かではない。ウクライナ戦争が続く現在、この日本で何ができるのか。何をなすべきか。まず水を一杯飲んで、一息ついてから考えてみたい。

あとがき

『日本左翼史』の「柳の下のドジョウ」を狙うなど、ありえない。筆者では明らかに役者不足である。池上氏、佐藤氏の三冊は闊達な討論で刺激的であるが、何よりも超著名人の著書として部数を伸ばした。中北浩爾氏の『日本共産党』は客観性と学術研究に裏づけられているが、日本を代表する政治学者の著書としてさらに注目されたのである。

左翼体験を持つ無名人は無数にいる。その左翼論などは、一笑に付されるだけだ。床屋政談、居酒屋談義と嘲笑されるのを覚悟の上で執筆を続けた。池上・佐藤両氏に伍する点があるとすれば、戦前・戦後初期を中心にして活動家たちの声を聞き取り、膨大な資料にも接してきた点がまず1つ。もう1点は、小学校5年生での出会いから社会運動の現場を離れず、多くの空間を体感し続けてきた点である。

執筆の過程で学生時代の旧友と再会した。先輩の久留島郷平氏にはお世話になった。学生時代は勇猛果敢なアジテーターだった。近年はハングルも習得して韓国社会運動にも通じている。氏の新党構想にも刺激を受けた。遠からず公表が予定されている。

第5章の「（共産）党はアヘンだ」とのコピーは、もう一人の先輩の40年ほど前の作である。学生時代は国会へのデモ隊の先頭に立ち、永田町の議員会館前にて「日本共産党ガンバレ」としゃがれた声でシュプレヒコールを上げていた。卒業から数年での変化に驚いたが、今となってはきわめて含蓄の深い惹句である。卒業後もお世話になった恩義は忘れていない。

もう一人、同学年の中村晶氏は全国社研連（全国学生社会科学研究会連合会）の代表幹事だった。哲学研究者にならず、予備校講師を務めながら、より強烈な躍動感を欲して競馬に熱中する歳月をたどった。2022年9月に再会した際に、意外な事実を教えられた。1978年10月の田口富久治氏を招いた講演会の舞台裏である。さる筋からその講演会を中止せよとの指示がなされた。だが自立的な左翼である彼は従わずに、その舞台裏を秘匿して講演会は無事に開催されたのだという。

思わぬ新情報はさておき、日本社会の激変をどう観るか。左翼後退の要因について、マスク姿で長らく語り続けた。もう話は終わるだろうと見はからって、つい尋ねてしまった。

「われわれは、外れ馬券を買ったのだろうか」。

そう水を向けると、いたずらっぽい笑みを浮かべた彼は、煙草を吸いたいと席を立った。戻ってくると、今から第4コーナーだといわんばかりに話を再開し、飽きることもなく、討論はさらに2時間続いた。1か月後に、分厚い郵便物を受け取った。今や懐かしい手書きのコピーである。学生時代のノートかと読み始めると、先日の議論を踏まえての更なる問題提起だったのである。思わずブラボーと叫びそうになった。

この３氏と、社会主義と自由、ユーロコミュニズムの可能性などを語った学生時代も、夢を見ていた訳ではない。学生運動の衰退局面を自覚していた。活動への没頭の中でも、問いは次々に生まれてきた。幹部活動家だった３氏も、それぞれの道を歩んでいった。

活動の矛盾や社会変革の理論の歪みも自覚する者として、社会変革の問題意識をどうバージョンアップできるのか。会社員時代もそれを考え続けた。左翼史への関心も若き日と変わらぬままである。還暦を大幅に過ぎたが、暗中模索の中で本書を脱稿した。

郷愁によって、左翼や社会変革派を語ったつもりはない。それを燃えさかる美しい炎と表現するつもりもない。されど外れ馬券と揶揄したくない思いを持ち続けている。

左翼とは何だったのか。今は鉱山での螺灯《らとう》を意識している。サザエの殻に油を染みこませて、その光を頼りに狭い坑道を進む。鉱脈にたどりつける保証はないが、岩を穿《うが》ち続けていく。坑内労働とは、事故や健康被害も含めて、すさまじい危険と隣り合わせの重労働だった。ただ報酬は高いこともあり、人びとはその地に引きつけられた。

２０２２年の暮れに、石見銀山を訪ねた。数百年にわたって銀の採掘を続けたこの地でも、江戸期まで螺灯が頼りにされていたという。だがはるか昔に銀山としての使命を終え、現在はユネスコの世界遺産として注目されている。この島根県大田市大森町には、全国に知られた企業もある。魅力的な子育て空間として、移住者も増えている。

万物は流転する。かつて輝きを持っていた存在も、いつか社会的存在意義を失い、歴史の中に埋もれていく。その流れに抗しきれない場合は多いだろう。ただ土俵際から蘇る可能性も残されている。長い眼で見るならば、それは歴史が決めるのだ。だが人間の情熱も無関係ではない。螺灯のような小さな灯で良い。新たな輝きが求められている。

コロナ渦が続く2021年夏のある日に、大山街道の二子新地駅近くで「黒猫豆花」という見慣れない店に気づいた。何の店かと入ってみたら、豆花《トウファ》とは豆乳を用いたデザートで、台湾では愛されているという。ネコ好きである店主の見吉勇治氏は、会社員時代の長期の台湾出張の際に豆花に魅了されたという。台南の名店に弟子入りして、豆花づくりの奥義を伝授された。その主人が日本語を話せたことも、幸いしたという。

それ以来、散歩の途上でこの店に立ち寄る機会が増えた。左翼とは無関係である見吉さんと語りあう。同時に多様な豆花を味わいながら、左翼党派を考えるという至福の時を過ごしてきた。長らく雌伏の時を強いられている左翼とは違って、今や豆花は躍進の日々である。全国の店舗数はうなぎ登りだという。

台湾を初めて旅した1995年、軍の警備の物々しさが印象的だった。いま台湾危機が喧伝される中で、誰もが軍事・安全保障的な関心を強めるのは当然であろう。ただ、武力衝突によって台湾の民がどんな試練に直面するのか。安心して豆花を食べていられなくなることも意識したい。沖縄など南西諸島の住民の苦難にも、鈍感でありたくない。首都圏の住民もいずれ危機に直面する。

かつて「国際学生連盟の歌」に感激した1976年との比較では、とうの昔に国際情勢も激変してしまっている。あの歌をもう一度歌うことはあるまい。ただ青春期に出会った友への思いと、立場の違いを超えて社会運動の現場で苦闘し続けた人たちへの敬意を失うつもりはない。「霧の中で歩んだ人を裁いてはならない」（クンデラ）という一節への共感と、それには同調できぬ思いをともに抱き、その矛盾を背負って人生を閉じていきたい。

あけび書房・岡林信一氏にお世話になった。社会変革派として活動する姿にも敬意を持つ。新たな友がもう一人増えたことを嬉しく思う。

2023年2月6日

大塚茂樹

主な参照文献（本文に対応。初出のみ記載。日本共産党の党史はすべて参照したが割愛）

マルクス、エンゲルス／森田成也訳『共産党宣言』光文社古典新訳文庫、2020年
池上彰・佐藤優『真説 日本左翼史——戦後左派の源流1945—1960』講談社現代新書、2021年
池上彰・佐藤優『激動 日本左翼史——学生運動と過激派1960—1972』講談社現代新書、2021年
池上彰・佐藤優『漂流 日本左翼史——理想なき左派の混迷1972—2022』講談社現代新書、2022年
中北浩爾『日本共産党——「革命」を夢見た100年』中公新書、2022年
高内俊一『現代日本資本主義論争』三一書房、1961年
10・8山﨑博昭プロジェクト編『かつて10・8羽田闘争があった——山﨑博昭追悼50周年記念寄稿編』合同フォレスト、2017年
代島治彦『きみが死んだあとで』晶文社、2021年
佐藤優『私のマルクス』文藝春秋、2007年
鶴見太郎『柳田国男とその弟子たち——民俗学を学ぶマルクス主義者』人文書院、1998年
鈴木裕子『忘れられた思想家 山川菊栄——フェミニズムと戦時下の抵抗』梨の木舎、2022年
中生勝美「日本占領期の社会調査と人類学の再編—民族学から文化人類学へ」『帝国日本の学知』第6巻、岩波書店、2006年

宇野弘蔵『資本論五十年』上・下、法政大学出版局、1981年
長岡新吉『日本資本主義論争の群像』ミネルヴァ書房、1984年
猪俣津南雄『横断左翼論と日本人民戦線』而立書房、1974年
猪俣津南雄『農村問題入門・窮乏の農村』農山漁村文化協会、1978年
小山弘健『日本資本主義論争史』上・下　青木書店、1953年
塩沢由典『マルクスの遺産――アルチュセールから複雑系まで』藤原書店、2002年
八木紀一郎「日本アカデミズムのなかのマルクス経済学――分岐と変貌」『現代の理論』第16号、2018年
中村隆英『昭和経済史』岩波書店、1986年
竹内洋『日本の近代12　学歴貴族の栄光と挫折』中央公論新社、1999年
廣重徹『科学の社会史』上・下、岩波現代文庫、2002年
佐藤優・山崎耕一郎『マルクスと日本人――社会運動論からみた戦後日本論』明石書店、2015年
降旗節雄『日本経済の神話と現実』御茶の水書房、1987年
池上彰・佐藤優『希望の資本論――私たちは資本主義の限界にどう向き合うか』朝日新聞出版、2016年
山本義隆『私の1960年代』金曜日、2015年
大西祥一・文／かぶらぎまさや・画『別働隊の日』アートギャラリー環、2011年
唐木田健一『1968年には何があったのか――東大闘争私史』批評社、2004年
北河賢三「戦時下の学生と学生風俗の統制――一九三八年の学生狩りを中心に」『早稲田大学史紀要』48号、

２０１７年
永井正義『燎原の火――抗日光州学生物語』私家版、１９９０年
『学生評論』を復刻する会 編『学生評論』全3巻、白石書店、１９７７年
トニー・ジャット／森本醇訳『ヨーロッパ戦後史』上、みすず書房、２００８年
大嶽秀夫『新左翼の遺産――ニューレフトからポストモダンへ』東大出版会、２００７年
油井大三郎編『越境する一九六〇年代――米国・日本・西欧の国際比較』彩流社、２０１２年
木村聖哉・鶴見俊輔『「むすびの家」物語――ワークキャンプに賭けた青春群像』岩波書店、１９９７年
中村章『工場に生きる人びと――内側から描かれた労働者の実像』学陽書房、１９８２年
高杉一郎『極光のかげに――シベリア俘虜記』目黒書店、１９５０年（岩波文庫）
太田哲男『若き高杉一郎――改造社の時代』未來社、２００８年
田中友子「祖父のフハイカ――共に生きた順子と五郎」上・下、『図書』２０２２年10月〜11月
立花隆『中核VS革マル』上・下、講談社文庫、１９８３年
樋田毅『彼は早稲田で死んだ――大学構内リンチ殺人事件の永遠』文藝春秋、２０２１年
小熊英二『１９６８――若者たちの叛乱とその背景』上、下の副題は「叛乱の終焉とその遺産」新曜社、２００９年
小杉亮子『東大闘争の語り――社会運動の予示と戦略』新曜社、２０１８年
富田武『歴史としての東大闘争――ぼくたちが闘ったわけ』ちくま新書、２０１９年
河内謙策『東大闘争の天王山――「確認書」をめぐる攻防』花伝社、２０２０年

荒川章二「日本における『1968』社会運動の歴史的特徴：試論」『人民の歴史学』2019年6月号
小田切秀穂『だまされない「学び」のために』文芸社、2009年
犬丸義一「日本におけるスターリン的偏向とその克服過程――『五〇年問題』を中心に」『現代と思想』第32号、1978年
重信房子『大地に耳をつければ日本の音がする――日本共産主義運動の教訓』ウニタ書舗、1984年
春名幹男『ロッキード疑獄――角栄ヲ葬リ巨悪ヲ逃ス』KADOKAWA、2020年
立花隆『日本共産党の研究』上・下、講談社、1978年
加藤周一『言葉と人間』朝日新聞社、1977年
思想の科学研究会編『共同研究　転向』全3巻、平凡社、1959～64年
山村政明『いのち燃えつきるとも――山村政明遺稿集』大和書房、1971年
藤井一行『民主集中制と党内民主主義――レーニン時代の歴史的考察』青木書店、1978年
古田光・作田啓一・生松敬三編『近代日本社会思想史Ⅱ』有斐閣、1971年
N・プーランツァス／田中正人訳『ファシズムと独裁』社会評論社、1978年
吉野源三郎『同時代のこと――ヴェトナム戦争を忘れるな』岩波新書、1974年
グエン・ドック・トアン／川本邦衛訳『不屈』全4巻、新日本出版社、1976年
筆坂秀世『日本共産党』新潮新書、2006年
中野翠『あのころ、早稲田で』文藝春秋、2017年
山崎耕一郎『ソ連的社会主義の総括』労働大学、1996年

兵藤釗『労働の社会史』上・下、東大出版会、2007年
野村正實『「優良企業」でなぜ過労死・過労自殺が？――「ブラック・アンド・ホワイト企業」としての日本企業』ミネルヴァ書房、2018年
遠藤公嗣「労働組合と民主主義」『戦後民主主義――戦後日本占領と戦後改革4』岩波書店、1995年
野村正實『日本的雇用慣行――全体像構築の試み』ミネルヴァ書房、2007年
濱口桂一郎『ジョブ型雇用社会とは何か――正社員体制の矛盾と転機』岩波新書、2021年
佐々木一郎「現代日本の『支配』と『対抗』」『講座現代資本主義国家3――現代日本の政治過程』大月書店、1980年
渡辺治『「豊かな社会」日本の構造』労働旬報社、1990年
斎藤茂男『わが亡きあとに洪水はきたれ！――ルポルタージュ巨大企業と労働者』現代史出版会、1974年
宮田義二『組合主義に生きる――労働運動七十五年』日本労働研究機構、2000年
政策研究大学院大学編『宮田義二オーラルヒストリー』C・O・E・オーラル・政策研究プロジェクト、2003年
鎌田慧『自動車絶望工場――ある季節工の日記』現代史出版会、1973年
鎌田慧『死に絶えた風景――日本資本主義の深層から』ダイヤモンド社、1971年
野村正實『トヨティズム――日本型生産システムの成熟と変容』ミネルヴァ書房、1993年
上井喜彦『労働組合の職場規制――日本自動車産業の事例研究』東京大学出版会、1994年

『総評組織綱領と現代労働運動』労働教育センター編、1973年
清水慎三『戦後労働組合運動史論――企業社会超克の視座』日本評論社、1982年
佐藤優『池田大作研究――世界宗教への道を追う』朝日新聞出版、2020年
仁田道夫・中村圭介・野川忍『労働組合の基礎――働く人の未来をつくる』日本評論社、2021年
村田陽一編訳『コミンテルン資料集』第1巻、大月書店、1978年
丸山優「マルクス主義とヘゲモニー」『岩波講座　社会科学の方法2』岩波書店、1993年
黒川俊雄・永山利和・木下武男・五十嵐仁・高橋祐吉『労働組合をつくりかえる――労働組合の選択』労働旬報社、1988年
松尾匡・橋本貴彦『これからのマルクス経済学入門』筑摩選書、2016年
斎藤幸平『人新世の「資本論」』集英社新書、2020年
野原光「時代に応えうる人間的連帯と共同社会の像を求めて――マルクス主義と社会主義の私的、経験的中間的総括」『長野大学紀要』119号、2010年
森岡孝二『日本経済の選択――企業のあり方を問う』桜井書店、2000年
濱口桂一郎・海老原嗣生『働き方改革の世界史』ちくま新書、2020年
山口周『自由になるための技術　リベラルアーツ』講談社、2021年
ジョン・ホロウェイ／大窪一志他訳『権力を取らずに世界を変える』同時代社、2021年
アルベルト・メルッチ（山之内靖訳）『現代に生きる遊牧民《ノマド》――新しい公共空間の創出に向けて』岩波書店、1997年

吉野源三郎「組合結成三十周年に寄せて」岩波労組機関誌『潮』1976年
古在由重『人間讃歌』岩波書店、1974年
岩倉博『吉野源三郎の生涯――平和の意志 編集の力』花伝社、2022年
古関彰一『日本国憲法の誕生』岩波現代文庫、2009年
豊下楢彦『昭和天皇の戦後日本――〈憲法・安保体制〉にいたる道』岩波書店、2015年
古関彰一・豊下楢彦『沖縄 憲法なき戦後――講和条約三条と日本の安全保障』みすず書房、2018年
古関彰一『対米従属の構造』みすず書房、2020年
浦田一郎『政府の憲法九条解釈――内閣法制局資料と解説』信山社、2017年
藤原和樹『朝鮮戦争を戦った日本人』NHK出版、2020年
油井大三郎『平和を我らに――越境するベトナム反戦の声』岩波書店、2019年
見田宗介『現代社会の理論――情報化・消費化社会の現在と未来』岩波新書、1996年
見田宗介『現代社会はどこに向かうか――高原の見晴らしを切り開くこと』岩波新書、2018年
加藤哲郎『ワイマール期ベルリンの日本人――洋行知識人の反帝ネットワーク』岩波書店、2008年
加藤哲郎『モスクワで粛清された日本人――30年代共産党と国崎定洞・山本懸蔵の悲劇』青木書店、1994年
伊藤隆『日本の内と外』日本の近代16、中央公論新社、2001年
勝野金政『露国《ソヴェート》滞在記』千倉書房、1937年
高杉一郎『スターリン体験』同時代ライブラリー、岩波書店、1990年

富田武『日本人記者の観た赤いロシア』岩波現代全書、２０１７年
富田武「日本のソ連史研究と私」『成蹊法学』80号、２０１４年
下斗米伸夫「私のソビエト・ロシア研究」『法學志林』７９０号、２０２０年3月
関曠野『左翼の滅び方について』窓ブックレット、１９９２年
窓社編集部編『批評「左翼の滅び方について」』窓ブックレット、１９９２年
原彬久『岸信介——権勢の政治家』岩波新書、１９９５年
原彬久『戦後史のなかの日本社会党—その理想主義とは何であったか』中公新書、２０００年
野村正實「福祉国家の危機と「マルクス主義」—私的覚書」『岡山大学経済学会雑誌』18〈1〉、１９８６年
吉野源三郎『君たちはどう生きるか』岩波文庫、１９８２年
村瀬学『「君たちはどう生きるか」に異論あり！——「人間分子観」について議論しましょう』言視舎、２０１８年
本田由紀『もじれる社会——戦後日本型循環モデルを超えて』ちくま新書、２０１４年
本田由紀『「日本」ってどんな国？——国際比較データで社会が見えてくる』ちくまプリマー新書、２０２１年
有田芳生・森田成也・木下ちがや・梶原渉『日本共産党１００年——理論と体験からの分析』かもがわ出版、２０２２年
アンドルー・ゴードン／二村一夫訳『日本労使関係史　１８５３—２０１０』岩波書店、２０１２年

志位和夫『新・綱領教室――２０２０年改定綱領を踏まえて』上・下、新日本出版社、２０２２年
碓井敏正『成熟社会における組織と人間』花伝社、２０１５年
田口富久治『先進国革命と多元的社会主義』大月書店、１９７８年
久野収・鶴見俊輔『現代日本の思想―その五つの渦』岩波新書、１９５９年
丸山眞男『後衛の位置から――「現代政治の思想と行動」追補』未來社、１９８２年
石田雄『丸山眞男との対話』みすず書房、２００５年
増山太助「『五〇年問題』覚書」全４回（『運動史研究』４〜）三一書房、１９７９年
滝澤一郎『日本赤色救援会史』日本評論社、１９９３年
田中真人『１９３０年代日本共産党史論』三一書房、１９９４年
森正『治安維持法裁判と弁護士』日本評論社、１９８５年
渡部徹編『１９３０年代日本共産主義運動史論』三一書房、１９８１年
斎藤勇『日本共産主義青年運動史』三一書房、１９８０年
大塚茂樹『ある歓喜の歌――小松雄一郎・嵐の時代にベートーヴェンを求めて』同時代社、１９９４年
荻野富士夫『思想検事』岩波新書、２０００年
中北浩爾『日本労働政治の国際関係史１９４５―１９６４――社会民主主義という選択肢』岩波書店、２００８年
加藤哲郎・伊藤晃・井上學編『社会運動の昭和史――語られざる深層』白順社、２００６年
伊藤晃『新版 天皇制と社会主義』インパクト出版会、２００２年

加藤哲郎『コミンテルンの世界像』青木書店、1991年
加藤哲郎「史料紹介「非常時共産党」の真実――一九三二年のコミンテルン宛報告書」『大原社会問題研究所雑誌』498号、2000年5月号
黒川伊織『帝国に抗する社会運動――第一次日本共産党の思想と運動』有志舎、2014年
小柳津恒『戦時下一教師の獄中記』未來社、1991年
三田正治『人生は出会い――意志あれば道あり』1998年
森武麿・大門正克『地域における戦時と戦後――庄内地方の農村・都市・社会運動』日本経済評論社、1996年
大野三留『汝の道をすゝめ――大野三留追悼遺稿集』1999年
下斗米伸夫『日本冷戦史――1945―1956』講談社学術文庫、2021年
川口孝夫『流されて蜀の国へ』私家版、1998年
大石進『私記 白鳥事件』日本評論社、2014年
渡部富哉『白鳥事件 偽りの冤罪』同時代社、2012年
後藤篤志『亡命者――白鳥警部射殺事件の闇』筑摩書房、2013年
追平雍嘉『白鳥事件』日本週報社、1959年
脇田憲一『朝鮮戦争と吹田・枚方事件』明石書店、2004年
芝房治『道 遙かなり奥吉野――共産党老党員の回想録』奈良新聞社、2012年
渡部富哉『偽りの烙印――伊藤律・スパイ説の崩壊』五月書房、1993年

伊藤淳『父・伊藤律――ある家族の「戦後」』講談社、2016年
道場親信「戦後日本の社会運動」『岩波講座日本歴史』近現代5、岩波書店、2015年
谷中敦『深謝・惜別』（谷中敦文集）、2007年
川上徹『査問』筑摩書房、1997年
油井喜夫『実相――日本共産党の査問事件』七つ森書館、2008年
山田稔『八十二歳のガールフレンド』編集工房ノア、2005年
川上徹・大窪一志『素描1960年代』同時代社、2007年
吉田嘉清（インタビュア・長崎肇）『原水協で何がおこったか――吉田嘉清氏が語る』日中出版、1984年
岩倉博『ある哲学者の軌跡―古在由重と仲間たち』花伝社、2012年
太田哲男編『勇気ある義人 古在由重セレクション』同時代社、2019年
小森良夫『市民はいかにして戦争に動員されるか―戦争史の底辺を歩んで』新日本出版社、2008年
大塚茂樹『まどうてくれ――藤居平一・被爆者と生きる』旬報社、2011年
東島雅昌「民主主義の現在地」朝日新聞「交論」欄、2022年6月25日
松岡英夫・有田芳生編『日本共産党への手紙』教育史料出版会、1990年
河邑重光『反共市民主義批判』新日本出版社、1985年
宮本顕治『日本共産党の立場――60年代から70年代へ』新日本新書、1976年
宮本顕治『日本革命の展望――綱領問題報告論文集』新日本出版社、1968年
宮本顕治『五〇年問題の問題点から』（戦後初期論集3）新日本出版社、1988年

『前衛』1972年8月臨時増刊号、日本共産党中央委員会
村上弘『みんなせいいっぱいの青春——私のあゆんだ道』日本共産党大阪府委員会、1972年
高杉一郎『征きて還りし兵の記憶』岩波現代文庫、2002年
不破哲三『不破哲三 時代の証言』中央公論新社、2011年
福永操『あるおんな共産主義者の回想』れんが書房新社、1982年
不破哲三・上田耕一郎『理論戦線の到達点と課題』日本共産党中央委員会出版局、1976年
不破哲三『現代前衛討論』新日本出版社、1980年
岡崎次郎『マルクスに凭れて六十年——自嘲生涯記』青土社、2002年
田口富久治『先進国革命と多元的社会主義』大月書店、1978
上田耕一郎『戦後革命論争史』上・下、大月書店、1956〜57年
溪内謙『現代社会主義の省察』岩波現代選書、1978年
樋口篤三『社会運動の仁義・道徳——人間いかに生きるべきか』同時代社、2008年
川本隆史『〈共生〉から考える——倫理学集中講義』岩波現代文庫、2022年
松竹伸幸『憲法九条の軍事戦略』平凡社新書、2013年
内田義彦『社会認識の歩み』岩波新書、1971年
『特高史観と歴史の偽造——立花隆「日本共産党の研究」批判』共産党中央委員会出版局、1978年
二村一夫『足尾暴動の史的分析——鉱山労働者の社会史』東大出版会、1988年（『二村一夫著作集』電子版）

山本正志「樹々の緑通信」（京大学生運動史研究会Hp）
石本真追悼集刊行委員会『生命・音楽・平和――石本真追悼集』２００３年
吉松安弘「ある学生サークルに見る戦後史―音感合唱研究会の軌跡」上・中『帝京大学短期大学紀要』
21・25号、２００1・２００5年
松本善明『軍国少年がなぜコミュニストになったのか――わが戦前・戦後史』かもがわ出版、２０１4年
松本猛『いわさきちひろ――子どもへの愛に生きて』講談社、２０１7年
田島道治『昭和天皇拝謁記――初代宮内庁長官田島道治の記録5』岩波書店、２０２2年
矢島勇『獄庭に咲くカンナ――「共謀共同正犯」という名の冤罪』光陽出版社、２００4年
田中二郎・佐藤功・野村二郎『戦後政治裁判史録』2、第一法規、１９８０年
石島泰『無罪弁論集』日本評論社、１９８2年
上田誠吉『国家の暴力と人民の権利』新日本出版社、１９７3年
泉澤章「『崖下の家』での思い出」自由法曹団編『上田誠吉さんの思いで――人々とともに』２０１０年
大塚一男『私記　松川事件弁護団史』日本評論社、１９８9年
大田市教育委員会編『石見銀山学ことはじめV　火』２０２1年

大塚 茂樹（おおつか しげき）
　1957年生まれ。ノンフィクション作家。早稲田大学第一文学部卒業。立教大学大学院（修士中退）で日本現代史を専攻。主な職歴として、2014年の早期退職まで岩波書店で岩波現代文庫、単行本、『世界』、ブックレットなどの編集に従事。戦前・戦後の左翼運動を描いた主著は、『ある歓喜の歌――小松雄一郎·嵐の時代にベートーヴェンを求めて』（同時代社）。その他の主著に『原爆にも部落差別にも負けなかった人びと――広島・小さな町の戦後史』（かもがわ出版、第22回平和・協同ジャーナリスト基金賞奨励賞）、『心さわぐ憲法9条――護憲派が問われている』（花伝社）、『まどうてくれ――藤居平一・被爆者と生きる』（旬報社）。
　筆名・中野慶で小説・児童文学を執筆。主著に『小説 岩波書店取材日記』『軍馬と楕円球』（かもがわ出版）、『やんばる君』（童心社）。
　1968年、小学生としてベトナム反戦運動、沖縄問題への関心で社会運動に参加。以後、運動の現場を離れることなく現在に至る。

「日本左翼史」に挑む　私の日本共産党論

2023年3月25日　第1刷発行

著　者— 大塚茂樹

発行者— 岡林信一

発行所— あけび書房株式会社

〒167-0054 東京都杉並区松庵 3-39-13-103
☎ 03. 5888. 4142　FAX 03. 5888. 4448
info@akebishobo.com　https://akebishobo.com

印刷・製本／モリモト印刷

ISBN978-4-87154-229-6　c3031